Hector Lemieux

COMPRENDRE CUBA

3e édition

À toi, belle E., si francophile, si cubaine, à l'aube d'une nouvelle vie.

« Le Nouveau testament socialiste est un livre sur l'entreprise privée, dont tous les chapitres ne sont pas écrits. »

Ludo Mendès
Cuba No, la parole aux oubliés

ULYSSE

Crédits

Auteur : Hector Lemieux
Éditeur : Claude Morneau
Correcteur : Pierre Daveluy
Adjoint à l'édition : Ambroise Gabriel
Infographistes : Annie Gilbert, Judy Tan, Philippe Thomas
Cartographe : Philippe Thomas
Photographies : Première de couverture : *La Habana* © Blend Images/Alamy Stock Photo.
Quatrième de couverture : *La plage de la Villa María La Gorda, à Pinar del Río* © iStockphoto.com/Remanz.
Le restaurant La Bodeguita del Medio à La Habana Vieja © Anne Bécel. *Le Malecón* © iStockphoto.com/Bim.

Remerciements

L'auteur remercie Daniel Desjardins pour avoir cru en ce projet. Merci aussi à Olivier Gougeon pour sa patience lors de nos échanges entre Cuba et Montréal et à Claude Morneau pour avoir mené à bien cette troisième édition. Merci à toute l'équipe d'Ulysse, à qui je dois le succès de la première édition.

Merci Bruno H. pour tes pertinentes analyses et ton regard éclairé sur Cuba, pour ton enthousiasme, pour ta relecture de ce livre et ton amitié.

Merci aussi à Luc A. pour tes conseils éclairants. Tous mes remerciements à Patrick P.

Merci à mon ami Rene l'ex-guérillero désabusé, à Ramón le dissident rebelle pour son courage, à N. le mouchard sympathique, à K. la trop vigilante, à Dalia ma pétillante amie communiste, à Yanitza, Alberto, Yaimara, Yoleimy, Mari, Glenda et ces innombrables Cubains que j'ai croisés. Merci enfin à mes parents pour m'avoir insufflé le goût des voyages dès mon enfance.

Merci aussi aux journalistes du *Figaro*, du *Soir*, du *Télégramme*, du *Temps*, de *Liaisons sociales* et d'*Entreprise et Carrières* qui accueillent régulièrement Hector Lemieux dans leurs colonnes. Merci à tous mes collègues qui ont parlé de *Comprendre Cuba* dans leurs médias respectifs.

Nous reconnaissons l'appui financier du gouvernement du Canada.

Nous tenons également à remercier le gouvernement du Québec – Programme de crédit d'impôt pour l'édition de livres – Gestion SODEC.

Canada Québec

Guides de voyage Ulysse est membre de l'Association nationale des éditeurs de livres.

Catalogage avant publication de Bibliothèque et Archives nationales du Québec et Bibliothèque et Archives Canada

Lemieux, Hector, 1966-
Comprendre Cuba
3e édition.
(Comprendre)
Comprend un index.
ISBN 978-2-89464-417-1
1. Cuba - Mœurs et coutumes - 21e siècle. 2. Cuba - Guides. I. Titre. II. Collection : Comprendre (Éditions Ulysse).
F1760.L45 2017 390.097291'0905 C2016-942012-4

Bibliothèque et Archives nationales du Québec
Dépôt légal – Deuxième trimestre 2017
ISBN 978-2-89464-417-1 (version imprimée)
ISBN 978-2-76581-796-3 (version numérique PDF)
ISBN 978-2-76581-788-8 (version numérique ePub)
Imprimé au Canada

RECYCLÉ
Papier fait à partir de matériaux recyclés
FSC® C103567

Sommaire

2

La vie au quotidien 37

3

La vie en société 61

4

Affaires et monde du travail 85

Avant-propos

Chroniques de Cuba

Cuba est née d'une mauvaise rencontre entre des aventuriers espagnols au XVe siècle et des indigènes paisibles. Les premiers massacrent rapidement les seconds. Les Espagnols ont besoin de main-d'œuvre pour exploiter leurs mines d'or puis la canne à sucre. Ils importent des esclaves d'Afrique. Attirés par l'appât du gain, des corsaires des grandes puissances européennes entrent dans la danse et mènent des raids pendant plusieurs siècles contre les ports de l'île. Les Anglais, les Français et beaucoup plus tard les Américains et les Soviétiques gratifient aussi Cuba de leur présence plus ou moins heureuse. Tout au long de son histoire, la grande île se métisse, si bien qu'il est difficile de saisir l'âme de son peuple si mélangé. L'écrivain cubain Abilio Estévez a dit : « Cuba est une île et un mystère. » La plus grande île des Caraïbes est une énigme pour au moins deux raisons. D'une part, elle est encombrée de méchants clichés qui masquent sa réalité. D'autre part, personne ne peut explorer librement ses coulisses.

Les vieilles voitures américaines sont l'un de ces clichés. Or, Cuba roule plus en Lada et dans des voitures européennes ou asiatiques qu'en Chevrolet des années 1950. Autre mythe, le Che, cet ange chevaleresque, guérillero martyr porté aux nues par des générations d'Occidentaux. Le bel Ernesto a pourtant été aussi un bourreau appliqué. Il n'est plus aujourd'hui qu'une icône sur les casquettes ou les t-shirts. Ironiquement, l'Argentin est d'ailleurs le produit dérivé le plus vendu à Cuba. Les jeunes Cubains ne s'y intéressent guère. La jeunesse cubaine préfère les mélodies italiennes romantiques et les mouvements sensuels du *reggaetón* aux vieilles chansons révolutionnaires. Mais alors, quid de la *salsa*? Elle est toujours bien là, mais elle a moins d'importance pour des nouvelles générations qui ne se pâment que pour l'Internet, encore préhistorique dans l'île. Le quotidien de Cuba est imprégné de ces nouvelles réalités, parfois déroutantes.

Au premier regard, l'ancienne colonie espagnole semble monolithique. Pourtant Cuba a beaucoup changé depuis quelques années. Le président Raúl Castro a rompu radicalement avec la politique socialiste de son frère pour insuffler une bonne dose de capitalisme dans la société cubaine. Le cadet de Fidel a annoncé qu'il prendrait sa retraite de la vie politique en 2018! Voire. Fidel est mort. Raúl est désormais seul aux manettes. Et puis Mariela, Alejandro, les bambins quinquagénaires de Raúl, tentés disent certains par un pouvoir qu'ils se défendent de briguer.

Au regard de la plupart des voyageurs, Cuba est très pauvre. Les salaires moyens ne dépassent pas 10 dollars par mois. Un médecin généraliste gagne désormais environ 67 dollars mensuellement, et un retraité doit se contenter d'une pension de 6 à 8 dollars. Étonnamment cependant, de plus en plus d'adultes possèdent désormais un téléphone portable dont la valeur et l'abonnement dépassent une année de salaire. D'autres possèdent une voiture. Dans cette terre de contrastes où la faim tenaille les estomacs, les habitants vivent aussi vieux qu'en Europe ou au Canada. Quelles sont les raisons de ce mystère?

Pour comprendre Cuba, il faut explorer ses coulisses, aller au-delà des premières impressions et croiser mille fois ses sources pour avoir l'heure juste. Il est impossible d'obtenir des chiffres crédibles dans la grande île. Les paramètres sont trop différents de l'Occident. Pour savoir, il faut écouter les habitants et se résoudre à l'approximatif. Les amateurs de réponses claires seront déçus. Cuba est trop métissée pour être cartésienne, trop loin de nos schémas d'analyse.

De Santiago à La Havane, le voyageur ne voit rien d'autre qu'un pays figé depuis la Révolution de 1959. Ce spectateur a besoin de clés pour comprendre l'île. Celles qu'on lui donne sont souvent rouillées. L'étranger mérite mieux qu'une gorgée de *Cuba libre* sur les couplets dégoulinant de la *Guantanamera*. Les Cubains, eux, ne fredonnent l'air de ce symbole national de la chanson cubaine qu'avec les touristes, pour obtenir un pourboire, et ils boivent leur rhum pur.

Découvrir Cuba est difficile; le système cubain est unique et sa société, bien complexe. Rien n'est blanc ou noir. Rien n'est gris non plus. Cuba est une dictature, et les plages idylliques masquent parfois trop facilement les matraques des policiers aux chemises gris souris. Les écuelles des Cubains sont souvent vides et lorsqu'elles sont pleines, ce n'est que de riz et de haricots noirs. Pourtant, n'en déplaise aux anticastristes, il y a dans ce régime socialiste tropical plein de bonnes choses qui marchent. L'éducation en est une. Le système de santé en est une autre. La police et l'absence d'insécurité et d'incivilités aussi, pourrait-on dire sans cynisme. Sans compter une joie de vivre contagieuse.

Après avoir mangé pendant 30 ans à la table de l'ogre soviétique, Cuba partage désormais son menu avec ses nouveaux frères de la gauche latino-américaine, le Venezuela, la Bolivie et, dans une moindre mesure, le Brésil. Crise politico-économique latino-américaine oblige, «Hay que Inventar» (Il faut inventer). Alors La Havane fraternise avec Beijing, son nouveau pourvoyeur en bus et en locomotives, courtise l'Europe et même les vendeurs de poulets du Kentucky. Si Cuba réalise aussi de nombreux échanges commerciaux et culturels avec le Canada et l'Europe, faire des affaires au sens large dans l'île demande une bonne connaissance des réalités sociales et du monde du travail cubain.

L'ennemi yankee inquiète moins, les deux pays ont rétabli des relations diplomatiques, mais le flirt est toujours empreint de méfiance. D'un côté, un régime fermé au multipartisme. De l'autre, une puissance qui s'occupe de ce qui ne la regarde pas.

Dans ce livre ponctué de petites chroniques sur la vie de tous les jours des habitants de la grande île, nous avons tenté de décrypter les systèmes sociaux, culturels et économiques de Cuba pour permettre d'aller encore plus loin. Les voyageurs canadiens découvriront ainsi qu'il est possible de se faire soigner gratuitement chez le médecin en un clin d'œil ou d'obtenir une jolie dent neuve chez le dentiste en échange d'un petit cadeau. Ils apprendront l'existence passée d'une étrange colonie canadienne près de Camagüey. Les Français se passionneront pour les soirées de Carla ou pour le train français. Les Suisses découvriront comment les Cubains gèrent leurs banques, alors que les Belges aimeront les légendes de l'exil des Cubains ou cette partie de dominos avec les derniers compagnons de Che Guevara. De moins en moins rebelle, l'île est toujours aussi sensuelle. Elle a beaucoup à offrir, mais pour cela il faut connaître l'autre Cuba, cette inconnue, celle que nous vous faisons découvrir. Laissez-vous séduire. Comme les Cubains, vivez toujours dans le présent. En dépit des changements de ces dernières années, le futur de Cuba est si incertain.

Quelques données...

...générales

Superficie: 110 900 km^2

Monnaies: *peso cubano* (code: CUP, symbole: $), *peso convertible* (code: CUC, symbole: CUC$)

...démographiques

Population (2014): 11,23 millions

Densité: 102 hab/km^2 (France 112 hab/km^2, Canada 3,3 hab/km^2)

Population urbaine (2014): 76% (France 86%, Canada 81%)

Les plus grandes villes (2014): La Havane (2,1 millions), Santiago de Cuba (510 000), Holguín (350 000), Camagüey (330 000)

Langue officielle: espagnol

Religions: les Cubains sont très majoritairement catholiques ou pratiquent aussi la *santería* (parfois les deux en même temps) et, dans une moindre mesure, sont protestants, orthodoxes, Témoins de Jéhovah ou juifs.

Espérance de vie (2015): 77 ans hommes; 81 ans femmes (France et Canada 82 ans)

Taux d'alphabétisation: 99,8% (France et Canada 99%)

Indice de développement humain (PNUD-classement 2015): 67e sur 188 pays (Canada 9e, France 22e)

Taux de chômage (2014): 2,7%

...économiques

PIB (2014): entre 65 et 75 milliards de dollars (à parité de pouvoir d'achat), selon les sources (Canada: 1 785, France: 2 829)

Revenu national brut/hab. (2014): entre 2 000 dollars US et 9 900 dollars US (à parité de pouvoir d'achat), selon les sources (Canada: 51 000, France: 42 000)

Principaux partenaires pour les échanges commerciaux (2015): Venezuela (40%), Chine (12%), Espagne (5%), Canada (4,8%), France, 12e (1%)

Indicateurs de consommation

Téléphones pour 1 000 hab. (2015): 300 téléphones portables et 120 téléphones fixes (France: 1 030 téléphones portables et 600 téléphones fixes, Canada: 820 téléphones portables et 440 téléphones fixes)

Utilisateurs d'Internet pour 100 hab. (2015): entre 10 et 30, selon les sources (30 selon la Banque mondiale) (France: 84,7, Canada: 88,5)

Ces statistiques sont pour information. Elles n'ont souvent aucun sens à Cuba, variant du simple au double ou au triple selon les sources.

Sources: ONU, PNUD, Oficina Nacional de Estadísticas de Cuba, ambassade du Canada à La Havane, ambassade de France à La Havane, Banque mondiale.

Hector Lemieux

Hector Lemieux décode l'actualité cubaine depuis plus de 20 ans pour les médias les plus prestigieux de la planète. Cuba est pour ce baroudeur une passion de tous les instants. Sa connaissance en profondeur du monde cubain lui permet d'éviter les clichés et de faire découvrir à ses lecteurs une autre Cuba, parfois touchante, parfois insolite, mais toujours éclairante. Son quotidien est celui des Cubains de la rue, dont il décrypte sans complaisance les joies et les peines.

À qui ce livre est-il destiné?

- Aux touristes qui ne veulent pas bronzer idiot.
- À ceux qui connaissent Cuba et veulent en savoir plus.
- Aux organisateurs d'échanges culturels et humanitaires.
- Aux entrepreneurs, aux investisseurs, aux importateurs ou exportateurs et à tous ceux qui veulent y faire des affaires.
- À tous ceux qui ont des amis cubains.
- Aux curieux.

La *mariposa blanca*

L'élément graphique qu'on retrouve au fil des pages de ce livre est une *mariposa blanca*, la fleur nationale de Cuba. Son nom espagnol signifie « papillon blanc ». En plus d'être très présent à Cuba, ce jasmin a joué un véritable rôle dans l'histoire du pays. Pendant les guerres de libération face à l'Espagne, les femmes demeurées dans les villages inscrivaient des messages sur ses pétales afin d'informer les rebelles cachés dans les montagnes des mouvements des soldats espagnols et des batailles en cours dans les vallées. Devenue emblématique, cette fleur blanche exprime la pureté et l'indépendance.

1

Civilisation cubaine

Un peu d'histoire

Cuba a été, pendant près de quatre siècles, la perle de l'Empire espagnol. Elle a attiré toutes les convoitises. Rien d'étonnant à ce qu'elle devienne cette île aux cultures et aux religions métissées.

Avant l'arrivée des Européens

Avant la venue des caravelles de Christophe Colomb en 1492, puis l'arrivée du conquistador Diego Velázquez de Cuéllar en 1511, les groupes autochtones de Cuba (Siboneys, Taïnos, Arawaks et Caraïbes) coexistaient sans trop d'encombre. Les Siboneys vivaient de la pêche. Le principal groupe, les Taïnos, préférait se consacrer à l'agriculture, tout comme les Arawaks. Les Caraïbes, peuple plus guerrier que les autres, étaient anthropophages. Ils ont mené une guérilla acharnée aux conquistadors dans les premières décennies de l'arrivée de ces derniers.

Les débuts de la Conquête (XVIe siècle)

Lorsqu'ils débarquèrent sur l'île, les Espagnols annihilèrent très vite toute forme de résistance autochtone. Ils brûlèrent le chef des insurgés taïnos, Hatuey, avant de déporter les indigènes dans des mines. En quelques décennies, les Taïnos et les autres autochtones avaient quasiment cessé d'exister. D'une centaine de milliers avant l'arrivée des conquistadors, ils n'étaient plus que quelques milliers au milieu du XVIe siècle. Peu après leur disparition, ils furent remplacés par des esclaves importés d'Afrique pour les travaux dans les mines. Parallèlement, les Espagnols fondèrent des municipalités dans l'ensemble de l'île, dont La Havane. En 1555, des corsaires français brûlèrent la ville. Les Espagnols transformèrent peu à peu La Havane en une cité fortifiée qui devint la capitale du pays en 1607.

La colonie espagnole (XVIIe-XIXe siècles)

Aux XVIIe et XVIIIe siècles, Cuba prit une importance stratégique considérable, tant pour les Espagnols que pour les autres nations européennes qui disputaient régulièrement l'hégémonie castillane dans la région. Par sa situation géographique, la grande île était, comme elle l'est toujours, une porte d'entrée vers les routes commerciales maritimes des Amériques. Pendant plus de 200 ans, le commerce y fut celui de la canne à sucre, du tabac et du café, les pierres angulaires du développement de l'île. L'Empire espagnol opta pour le développement d'une économie dont le monopole des échanges était contrôlé obligatoirement par la Couronne.

Au milieu du XVIIIe siècle, durant la guerre de Sept Ans, l'Espagne s'allia à la France contre l'Angleterre. Mal lui en pris. Les Anglais occupèrent La Havane en 1762. Ils ne la rendirent aux Espagnols l'année suivante qu'en échange de la Floride. Entre-temps, les Britanniques avaient brisé le monopole ibérique. Ils introduisirent la notion de libre-échange avec le reste du monde. Ils ouvrirent les ports cubains au commerce, ce qui fit croître l'économie de l'île. À la fin du XVIIIe siècle, Cuba était devenue prospère. De 1791 à 1810, La Havane serait passée de 44 000 à 96 000 habitants, puis à 130 000 habitants au milieu du XIXe siècle. C'était alors la ville la plus peuplée de la Couronne espagnole après Madrid et Barcelone. D'après un recensement de 1830, il y avait dans l'île 800 plantations de canne à sucre, 640 de café et 1 600 de tabac.

Si Cuba, le joyau de la Couronne espagnole, s'est autant développée, c'est sous l'impulsion de l'esclavage. Celui-ci deviendra tout au long du XIXe siècle l'un des principaux déclencheurs et enjeux des guerres d'indépendance de l'île.

Les guerres de libération (1868-1898)

La révolte des esclaves à Saint-Domingue en 1791, puis les victoires de Toussaint Louverture et surtout de Jean-Jacques Dessalines contre le colonisateur français, en 1803, qui menèrent à l'indépendance et à la création d'Haïti en 1804, donnèrent des velléités d'indépendance à Cuba. Carlos Manuel de Céspedes, un riche planteur, donna le « la » en libérant ses esclaves en 1868. Il déclencha cette année-là la première des guerres de libération de Cuba (il faudra attendre les toutes dernières années de la colonie espagnole, en 1886, pour que l'esclavage soit aboli). La première guerre d'indépendance dura une décennie, jusqu'en 1878. Bien qu'elle fût un échec pour les insurgés et que l'Espagne accordât plus d'autonomie à l'île, cette première guerre incita les rebelles à persévérer.

En 1895, le général Antonio Maceo et José Martí menèrent un nouveau combat jusqu'en 1898. Malgré des effectifs de 300 000 hommes, les Espagnols ne parvinrent toujours pas à mater la rébellion, qui utilisa les premières techniques de guérilla. En 1898, les Espagnols avaient de facto perdu la guerre contre les rebelles, et ils cherchaient une voie pour sortir honorablement du bourbier cubain. Les guérilleros d'Antonio Maceo ne purent toutefois jamais profiter de leur «victoire», que récupérèrent les États-Unis lors de la guerre hispano-américaine de 1898.

Les guerres de libération furent une véritable boucherie dans laquelle l'Espagne engagea plus d'un million d'hommes pendant 30 ans. La plupart furent tués ou décimés par les fièvres. Moins de 200 000 revinrent en Espagne. Le père de Fidel Castro, Ángel Castro, fut l'un de ces nombreux soldats qui élurent par la suite domicile à Cuba.

La guerre hispano-américaine (1898)

En février 1898, un croiseur américain, le USS *Maine*, qui mouillait à La Havane, pour protéger les intérêts des États-Unis, coula. L'explosion du *Maine* fit plus de 200 morts américains, et ses causes, attribuées parfois à l'Espagne, demeurent bien mystérieuses. La destruction du navire militaire poussa Washington à entrer en guerre contre Madrid. La flotte espagnole, vieillissante, fut vite coulée. L'Espagne dut signer l'armistice lors du traité de Paris en décembre 1898. Elle céda ses possessions dans la région, Puerto Rico et Cuba, à Washington, ce qui marqua la fin de la période coloniale de l'Espagne dans les Amériques. Le dit traité précisa que les États-Unis devenaient le nouvel occupant et que «ceux-ci, pendant le temps que durera cette occupation, prendront en charge et assumeront les obligations que, comme conséquence du fait de l'occuper, leur impose le droit international, pour la protection des vies et des biens».

Les interventions américaines (1898-1933)

Bien avant l'avènement de la Révolution de 1959, les États-Unis ont toujours considéré Cuba comme un élément de leur pré carré. Au moins par deux fois, au milieu du XIXe siècle, ils tentèrent d'acheter l'île à l'Espagne. En 1898, par leur victoire contre Madrid, les Américains prirent le contrôle de Cuba, tout d'abord jusqu'en 1910 par des régimes d'occupation militaire ou de protectorat, puis ensuite jusqu'en 1933 par le biais de dictateurs fantoches à la solde de Washington. Les Cubains ont toujours eu l'impression de s'être «fait voler» leur victoire en 1898. En effet, si cette année-là Cuba est devenue officiellement indépendante, dans les faits elle devint un protectorat des États-Unis. Les rebelles cubains ont été écartés des négociations de paix entre Madrid et Washington sur l'indépendance de l'île.

L'amendement Platt (26 février 1901) ou l'humiliation de Cuba

Article 1. Le gouvernement de Cuba ne signera jamais avec une ou des puissances étrangères aucun traité ou autre accord qui puisse ou tende à réduire l'indépendance de Cuba.

Article 4. Tous les actes réalisés par les États-Unis à Cuba durant leur occupation militaire seront tenus pour valides et ratifiés et tous les droits légalement acquis en vertu de ceux-ci seront maintenus et protégés.

En 1901, le Congrès américain vota l'amendement Platt (du nom du sénateur républicain Orville Platt), censé régir le retrait des troupes américaines de la grande île. Dans les faits, l'amendement Platt a consacré la toute-puissance de Washington sur La Havane, avec notamment la cession de la base de Guantánamo aux États-Unis. Cet amendement a toujours cristallisé le sentiment de défiance envers Washington. L'amendement ne sera abrogé que le 29 mai 1934 par le Traité sur les relations entre les États-Unis et la République de Cuba. La mainmise de Washington sur Guantánamo sera toutefois maintenue.

L'ère de Fulgencio Batista (1933-1958)

En 1933, un jeune sergent de l'armée cubaine, Fulgencio Batista, renversa le président élu Grau San Martín. Le putschiste régna par la suite sur le pays pendant près d'un quart de siècle, exception faite de 1944 à 1952, années pendant lesquelles Grau San Martín revint au pouvoir. Batista a toujours été l'exutoire du régime castriste qui en a fait le bouc émissaire pour tous les malheurs passés du pays. Après la Révolution, les frères Castro ont dénoncé un régime corrompu à la solde des Américains, qui pratiquait la discrimination raciale et la répression féroce des opposants politiques.

Si ces éléments sont exacts, c'est aussi paradoxalement sous Fulgencio Batista que Cuba se dota de lois sociales très avancées. La Constitution de 1940 entérina la journée de travail de huit heures, le salaire minimum et le mois de congé payé. La presse atteint un niveau de liberté d'expression qui n'exista plus par la suite à Cuba. En revanche, les États-Unis accentuèrent à l'époque de Batista leur emprise économique sur l'île. Ils contrôlaient au milieu des années 1950 la quasi-totalité de la production de nickel et les services publics.

La Révolution

Les véritables débuts de la Révolution cubaine peuvent être datés de 1953. Cette année-là, le 26 juillet, un jeune avocat, Fidel Castro, et un groupe de rebelles tentèrent de prendre la caserne de la Moncada, à Santiago de Cuba. L'assaut fut un échec. Castro et les survivants furent enfermés dans l'île de la Jeunesse qui s'appelait alors l'île des Pins. Le Líder Máximo passa deux années en prison. Ce grand bourgeois dut son salut et sa libération aux bonnes relations que sa mère entretenait avec le dictateur Batista, mais aussi à la bienveillance de son beau-frère, Rafael Díaz-Balart, ministre de l'Intérieur du dictateur. Fidel Castro faisait partie d'une des familles les plus riches et les plus influentes de l'île. Son père, Ángel, arrivé à Cuba au moment de la guerre de 1895, avait, à la force du poignet, acquis des milliers d'hectares de terres dans l'est de l'île.

Après sa libération, Fidel Castro partit en exil au Mexique. Il y rencontra un autre révolutionnaire, Ernesto Che Guevara. En 1956, les deux hommes et 80 autres compagnons embarquèrent au Mexique à bord d'un yacht, le *Granma*, à destination de Cuba, dans le but de renverser le régime de Batista. Parmi leurs revendications, les castristes souhaitaient lutter contre les inégalités sociales, redonner le pouvoir au peuple et se débarrasser d'un régime corrompu aux ordres de Washington. Le débarquement, éventé, fut un échec. La majorité des révolutionnaires furent tués. C'est dans les massifs de la Sierra Maestra que Fidel Castro et ses compagnons se réfugièrent, puis reconstituèrent leurs forces. Après près de deux ans de guérilla, les troupes de Fulgencio Batista, pourtant mieux équipées, mais peu motivées, perdirent la guerre de Cuba. Le 1er janvier 1959 marqua la victoire de la Révolution.

Les premières années de la Révolution (1959-1962)

Les premières années de la Révolution furent marquées par une période d'enthousiasme de la communauté étrangère envers les jeunes révolutionnaires. Même les États-Unis regardèrent d'un œil presque bienveillant les premiers mois du régime. Les choses changèrent très rapidement lorsque le gouvernement cubain nationalisa des entreprises américaines

Les derniers combattants du Che

À Santa Clara, la ferveur des anciens compagnons de Guevara pour leur chef est toujours intacte. «Le Che n'était pas un homme bavard, en tout cas pas avec nous. Le soir, lorsque nous étions dans le maquis, il repassait son uniforme ou il nettoyait ses affaires. Il se tenait à l'écart et il ne faisait jamais de grands discours», confie Narciso Tamayo, l'un des derniers hommes encore en vie à avoir combattu avec Ernesto Guevara dans la région de Santa Clara. Originaire de la province de Granma, Narciso Tamayo, 75 ans, a rejoint Guevara en août 1958, lorsque celui-ci a quitté la Sierra Maestra avec environ 200 hommes pour envahir le reste du pays. Mayo, comme l'appellent ses amis, se souvient: «Le plus dur, c'était la faim. Nous avions si peu que je ne me souviens pas de ce que nous mangions, mais c'était 10 fois pire que pendant la période spéciale [les années qui ont suivi la chute de l'URSS].»

Ramón Fonseca souligne: «Nous n'avions pas le droit de toucher à la nourriture des paysans, de faire des razzias. Fidel nous l'interdisait et c'était la même chose pour le Che.» Si l'ancien guérillero jure que les Cubains soutenaient la Révolution, Mayo est plus modéré: «La population de Santa Clara est restée tranquille, sauf à la fin, lors de la dernière bataille. Le Che était là avec 18 combattants. Ils ont fait dérailler le train blindé des forces de la tyrannie. Là, la population était avec nous. Le plus dur, c'était avant.» Mayo réajuste son élégante casquette blanche et bleue: «À 25 ans, j'étais un peu plus vieux que les autres. Les combattants qui rejoignaient le Che étaient âgés de 15 ou 16 ans. Beaucoup avaient peur. Le Che nous a dit: "Réfléchissez bien. Ce ne sera pas une partie de danse." Je n'ai jamais eu peur.»

Paru initialement dans *Le Temps*

et qu'il fut clair que La Havane allait s'aligner sur Moscou. Lors des premières années de la Révolution, les frères Castro assirent leur pouvoir en éliminant physiquement les opposants de l'époque de Batista, mais aussi les rivaux potentiels à l'intérieur de leur propre camp. L'un des *barbudos* héroïques, Camilo Cienfuegos, disparut dans un mystérieux accident d'avion. Parallèlement à l'élimination des opposants dont les exécutions furent confiées à Che Guevara, Fidel Castro renforça la défense du pays en s'appuyant sur un système de milices populaires. En 1961, des groupes anticastristes de Floride, soutenus par la CIA, tentèrent un débarquement à la baie des Cochons. Ce fut un échec retentissant. Il exacerba la haine de Washington pour La Havane. Cuba se précipita un peu plus dans les bras de l'URSS pour y trouver protection.

L'embargo et les sanctions américaines

En 1962, à la suite de la nationalisation d'entreprises américaines par le régime cubain, Washington a décidé de décréter un embargo tant économique que financier envers Cuba, qui demeure encore officiellement en vigueur aujourd'hui. En vertu de ce blocus, les entreprises des États-Unis ne peuvent commercer avec l'île, et les citoyens de l'Oncle Sam n'ont pas le droit de s'y rendre, sous peine de sanctions. À cet embargo économique, il faut ajouter des sanctions financières. La monnaie cubaine n'est pas reconnue par le système financier international.

Cuba paie donc très cher ses emprunts. L'objectif de l'embargo était d'isoler La Havane et d'appauvrir le régime pour qu'il s'écroule. Pendant 30 ans, l'île n'a vécu que de l'aide soviétique, qui palliait les manques dus au blocus américain. Les Cubains se souviennent des années 1980 comme d'une période relativement heureuse où ils ne manquaient de rien grâce au soutien de l'URSS.

Dans les années 1990, avec la loi Helms-Burton, du nom de deux congressistes républicains fossiles de la guerre froide qui pensaient faire s'écrouler le régime castriste en durcissant l'embargo, Washington a tenté sans succès d'obliger les autres pays à respecter ce dernier, sous peine de sanctions. Ironiquement, comme l'interdiction de commercer ne concerne pas les médicaments et les produits alimentaires, de nombreuses entreprises américaines ont toujours commercé avec la plus grande île des Caraïbes. Washington fournit environ 30% des besoins alimentaires de l'île. Après la fin de l'ère soviétique, Cuba a développé de nouveaux partenariats, que ce soit avec le Venezuela ou la Chine. Les Européens, mais aussi les Brésiliens, ont intensifié leur commerce avec l'île depuis les années 2000.

Après le départ de George W. Bush en 2008, le président Barack Obama a assoupli certaines règles de l'embargo. Le million et demi d'Américains d'origine cubaine peuvent désormais voyager de façon illimitée à Cuba et y envoyer sans limite de l'argent à leurs proches. Une douzaine de catégories d'Américains, parmi lesquels les journalistes, les chercheurs ou les religieux, peuvent désormais se rendre dans l'île. Si Washington réprimande toujours sévèrement les autres de ses concitoyens qui se rendent à Cuba, leur présence est en forte hausse.La présidence démocrate a constitué une rupture radicale avec l'administration Bush. L'élection du président républicain Donald Trump ne devrait, elle, pas faciliter les relations entre Cuba et les États-unis et encore moins la levée de

Le Che, une icône à deux faces

Ernesto Guevara, l'icône des révolutions romantiques, a été tué en Bolivie en 1967. L'image chevaleresque du guérillero au béret étoilé est écornée dans un livre de l'exilé cubain Jacobo Machover.

«Che Guevara et Fidel Castro sont les deux faces d'une même monnaie: celle d'une sanglante utopie», écrit Jacobo Machover, dans son livre *La face cachée du Che*. Ce maître de conférences à l'Université d'Avignon écorche le mythe guevariste: «Innombrables sont les intellectuels qui ont chanté le Che, sans avoir lu une seule ligne de lui.»

Jacobo Machover retrace sans complaisance l'itinéraire du révolutionnaire argentin. Il rapporte les mots du Che lors de son arrivée à Cuba en décembre 1956: «Me voici dans la jungle cubaine, vivant et assoiffé de sang.» Au début de la Révolution, en janvier 1959, Ernesto Guevara est chargé des centaines d'exécutions d'opposants à la forteresse de la Cabaña, à La Havane. «Ne faites pas traîner les procès», ordonne alors l'exécuteur en chef. En 1964, à la tribune de l'ONU, il tonne: «Nous avons fusillé; nous fusillons et nous continuerons de fusiller tant qu'il le faudra.» Machover explore toutes les facettes d'un personnage dont l'image a été embellie après sa mort.

Paru initialement dans *Le Temps*

l'embargo. Quant à la mort de Fidel, elle a plongé l'île dans une profonde incertitude.

De la crise des missiles à la chute de l'Union soviétique (1962-1990)

Cuba a failli être le déclencheur d'une troisième guerre mondiale. Entre le 16 et le 28 octobre 1962, l'URSS et les États-Unis engagèrent un bras de fer à propos de missiles nucléaires que les Soviétiques devaient installer sur l'île. Après 12 jours de suspense, l'URSS retira ses missiles, mettant fin à ce qu'il est coutume d'appeler la «crise des missiles». Cette crise eut des conséquences importantes pour Cuba. Pendant 30 ans, jusqu'à son éclatement, l'URSS devint le protecteur de Cuba, et les États-Unis s'engagèrent à ne pas envahir l'île. Fidel Castro doit aussi aux Soviétiques une longue période de relative stabilité économique, pendant laquelle le grand frère russe subventionna son petit camarade socialiste. Sur la scène intérieure, la politique du Líder Máximo a été calquée à cette époque sur ce qui se faisait dans les pays du bloc de l'Est, avec des nationalisations et des planifications hasardeuses.

Sur la scène internationale, Cuba a mené la politique étrangère la plus active de son histoire. Dès 1965, l'île entra dans une période d'internationalisme. Elle tenta d'exporter la Révolution. Che Guevara commença au Congo sans succès, puis en Bolivie, où il fut tué en 1967. De 1975 à 1989, les Cubains s'engagèrent dans plusieurs guerres sur le continent africain pour soutenir des régimes socialistes et défendre les intérêts soviétiques en Afrique. Outre des interventions militaires en Éthiopie à la fin des années 1970, c'est surtout en Angola, de 1975 à 1989, que les Cubains s'illustrèrent par leurs faits d'armes, défaisant notamment l'armée sud-africaine.

Les repas de la période spéciale

Les histoires les plus folles, voire inimaginables, circulent sur la période spéciale. Certains Havanais racontent même que des préservatifs servaient de garniture pour les pizzas. «Les chats disparaissaient dans le quartier. C'était une période horrible. Nous n'avons rien à manger aujourd'hui, mais à l'époque, j'étais enfant et c'était moins que rien», conte Yoleimy, une Havanaise aujourd'hui âgée de 25 ans.

De la période spéciale à la maladie de Fidel (1990 à 2006)

La *período especial en tiempo de paz* (la période spéciale en temps de paix) fut la pire époque contemporaine de Cuba. À la suite de l'effondrement de l'Union soviétique, le PNB de Cuba s'est effondré de 35 % entre 1989 et 1993. La fin de l'URSS a signifié du jour au lendemain la fin des subventions du grand frère communiste. Les Russes achetaient l'essentiel de la récolte de canne à sucre du pays, fournissaient du pétrole, des biens d'équipement et un soutien militaire. L'économie cubaine était artificielle. Elle n'avait pas besoin d'être performante. À l'époque, les États-Unis estimèrent que Cuba, à l'instar des ex-pays du bloc de l'Est, allait s'effondrer en trois mois. Il n'en fut rien. Les habitants eurent encore moins à manger que d'habitude.

Pour éviter que l'économie ne s'écroule, les Castro ont ouvert Cuba au tourisme pour faire entrer des devises. Le PNB de l'île remonta progressivement. À la fin des années 1990, Fidel Castro a trouvé un nouvel allié avec le Venezuela d'Hugo Chávez. En échange de pétrole à des prix extrêmement bas, La Havane fournit une aide médicale à Caracas. Cette stratégie donnant-donnant a permis progressivement à Cuba de régler une bonne partie de ses problèmes énergétiques et économiques. En juillet 2006, la maladie soudaine de Fidel Castro sembla une nouvelle fois marquer la fin du régime. Une nouvelle fois, il n'en fut rien.

De 2006 à 2010

L'agonie interminable du régime cubain a déjoué les analyses de tous les experts autoproclamés. Fidel Castro joue les prolongations depuis une grave opération chirurgicale en juillet 2006, à quelques jours de ses 80 ans. En février 2008, son frère Raúl lui a officiellement succédé. Ce fut un changement dans la continuité pendant deux années, si ce n'est quelques mesures cosmétiques qui auraient pu laisser croire à une libéralisation du régime. Parmi celles-ci, les Cubains furent autorisés à louer des voitures, à posséder des téléphones portables ou encore à entrer dans les hôtels pour étrangers. Le nouveau président a alors poursuivi la politique de son frère, qui tirait toujours les ficelles du pouvoir, en tissant des alliances stratégiques avec les Chinois et les Russes et plusieurs pays de la gauche latino-américaine.

Depuis 2010

L'année 2010 a marqué une rupture avec le passé socialiste. Raúl Castro a multiplié les réformes à saveur capitaliste (possibilité de vendre et d'acheter sa maison, sa voiture, d'accéder au crédit bancaire ou de travailler à son compte). Une véritable révolution! Malheureusement, les capitaux manquent cruellement. « L'autoroute du capitalisme se construit, mais personne n'a d'argent pour régler le péage », souligne l'écrivain Ludo Mendès dans le livre *Cuba No, la parole aux oubliés*. La vieille garde demeure encore très influente et le frère de Fidel a tonné lors de sa réélection en février 2013 : « Je l'ai affirmé deux fois devant ce parlement : "Je n'ai pas été élu président pour restaurer le capitalisme à Cuba [...]. J'ai été élu pour défendre, maintenir et continuer à perfectionner le socialisme, pas pour le

Fidel Castro : la mort d'un géant

Le leader de la Révolution cubaine, Fidel Castro Ruz, est décédé à l'âge de 90 ans. À l'instar de l'île qu'il a dirigée d'une main de fer pendant près d'un demi-siècle, avant de céder la place à son frère Raúl, Fidel Castro était un personnage complexe. Cruel avec les ennemis de la Révolution et doté d'une intelligence hors pair, le Líder Máximo était un homme secret, doublé d'un redoutable stratège.

Comme toujours, Fidel a pris tout le monde par surprise. On avait annoncé sa mort des centaines de fois. La planète médiatique s'était inquiétée de ses longues disparitions ces dernières années, l'obligeant à sortir de son silence pour indiquer que non, il n'était pas mort. La semaine dernière, il avait encore reçu le président du Vietnam, mais avait refusé de recevoir le premier ministre du Canada, Justin Trudeau. Les Canadiens s'en étaient étonnés. Est-ce l'une des dernières facéties de Fidel ou est-il tombé subitement malade? On ne sait pas de quoi *El Comandante* est mort. Chose certaine, la CIA a tenté d'assassiner Fidel Castro plus de 600 fois. Mais cette fois, Fidel est bien mort et sans l'aide des Américains.

Extrait d'une nécrologie parue initialement dans *Sud Ouest* détruire".» Plus personne n'y croit vraiment dans l'île caribéenne. Chaque jour apporte son lot de réformes, et un retour vers un passé communiste semble totalement exclu.

Dans un geste inattendu, Washington et La Havane se sont même rapprochées pour rétablir leurs relations diplomatiques en juillet 2015. Les négociations, secrètes, ont été menées sous les auspices du Canada et du Vatican. En mars 2016, le président américain Barack Obama s'est rendu dans la capitale cubaine pour un voyage historique de trois jours.

Cuba a donc bien changé entre 2014 et 2016, tant sur le plan économique que diplomatique. L'évolution politique intérieure est plus contrastée. Si la nomination de Miguel Díaz-Canel Bermúdez, 56 ans, comme numéro deux du régime en 2013 et la montée en puissance des rénovateurs ont laissé planer une rupture avec l'ancienne garde politique, Raúl Castro entretient aujourd'hui le doute sur sa succession. Le frère de Fidel a plusieurs fois promis qu'il ne se représenterait pas à l'expiration de son mandat en 2018, tout en plaisantant le jour de ses 85 ans, le 3 juin 2016, qu'il était prêt à vivre des décennies. À près de 60 ans, la révolution des *barbudos* se moque des prédictions. Malgré le décès de Fidel le 25 novembre 2016, l'éternelle ambiance de fin de règne pourrait durer deux mois ou 10 ans.

Cuba-États-Unis: le mariage historique de la faucille et du capital

Les États-Unis et Cuba ont annoncé une normalisation de leurs relations diplomatiques après plus d'un demi-siècle de guerre froide.

«Plus tard, je serai étranger, Américain si possible», déclarait le week-end dernier Raulito, 11 ans, un jeune Havanais dont les parents appartiennent aux classes plutôt aisées de Cuba. «Il est malin ce petit. C'est vrai qu'il n'y a que les étrangers qui gagnent de l'argent. Nos médecins sont payés 30 dollars par mois et peut-être 1 000 fois plus aux États-Unis», ajoute le père de Raulito. La Révolution ne fait plus rêver personne dans l'île communiste.

Ancienne cadre du Parti communiste cubain, Mirta confiait récemment: «Comment les dirigeants américains ont-ils pu mener une politique aussi stupide pendant 50 ans? S'ils avaient levé l'embargo, normalisé les relations avec Cuba, le régime se serait effondré tout seul.» Si les Cubains se réjouissent depuis cet automne de l'espoir d'un changement de politique entre Washington et La Havane, une employée de banque résumait il y a peu l'état d'esprit de bien de ses compatriotes: «Il paraît que les Américains vont lever le blocus prochainement. C'est très bien, mais s'il n'y a toujours pas plus à manger à la *shoppy* [NDLR: *shopping*, l'épicerie], qui portera alors la faute?» Et l'un de ses amis, ancien commissaire de police, de conclure, un brin ironique: «Les Américains donnent des gros pourboires, mais il faut qu'il y ait des glaçons dans leurs verres. Ici, nous n'avons même pas l'électricité, alors les glaçons...»

Paru initialement dans *Sud Ouest*

À Santiago de Cuba, les cendres de la Révolution

Voilà, c'est fini. L'aube se dessine sur les contreforts de la Sierra Maestra. Il est 7h ce dimanche 4 décembre [NDLR: 2016] dans le petit matin de Santiago. Fidel Castro Ruz, 90 ans, repose désormais au cimetière Santa Ifigenia de la ville rebelle. Les cendres du leader de la Révolution ont été enterrées à côté du mausolée de José Martí, le père de la nation cubaine. Le choix est on ne peut plus symbolique. Martí, l'intellectuel héroïque, est mort au combat en 1895, trois ans avant la fin de la dernière des guerres contre l'occupant espagnol, qui mèneront en 1898 à «l'indépendance» de Cuba sous un gouvernement militaire d'occupation américaine. Pour le régime, rien de plus normal à ce que Fidel soit inhumé aux côtés du père de la nation. Le cimetière Santa Ifigenia a été fondé en 1868, l'année du début des guerres d'indépendance. S'y trouvent aujourd'hui toutes les tombes des généraux ayant lutté contre les Espagnols.

Le choix du lieu de la sépulture n'a toutefois pas manqué de susciter la grogne chez les opposants au régime castriste. Par crainte d'un acte de malveillance contre les restes du Líder Máximo, l'accès au cimetière, situé en banlieue de Santiago, était déjà sérieusement restreint quelques jours avant les funérailles. «Le Commandant en chef reposera ici, non loin de José Martí, mais l'accès est interdit. Dimanche, ce sera réservé aux proches», expliquait alors un employé de Santa Ifigenia, en montrant le mausolée de Martí.

Depuis son 90e anniversaire, célébré en grande pompe pendant des semaines l'été dernier, Fidel était devenu presque officiellement le père de tous les Cubains. Avec une fâcheuse tendance au culte de la personnalité qu'il avait pourtant évité toute sa vie, préférant mettre en avant Ernesto Che Guevara, Camilo Cienfuegos et d'autres héros décédés de la Révolution.

Paru initialement dans *Le Figaro*

Le système politique

Si dans les faits, les décisions sont prises par le président Castro, l'Assemblée nationale du pouvoir populaire, qui élit les membres du Conseil d'État tous les cinq ans, est avec ce dernier, en théorie, l'organe supérieur de décision de l'État cubain. Cette assemblée législative est composée de députés élus par le peuple. Tout cela se fait dans le cadre d'un parti unique. Le Líder Máximo a évoqué cette question dans sa *Biographie à deux voix* avec Ignacio Ramonet en 2006: «Votre question concerne le parti unique? Plus notre peuple est cultivé, plus il connaît le monde, et plus il se réjouit d'une unité qu'il juge à sa juste valeur.» C'est dit!

À l'instar des assemblées nationales de nombreux pays, les députés de l'Assemblée nationale du pouvoir populaire approuvent les lois. L'Assemblée élit le président du Conseil d'État, comme cela fut le cas en 2013 pour Raúl Castro. En dessous du niveau national, on retrouve l'échelon provincial avec les Assemblées provinciales du pouvoir populaire, qui sont l'expression locale du pouvoir de l'État. Elles dirigent les entités économiques locales. Puis, enfin, à leur niveau, les Assemblées municipales du pouvoir populaire représentent l'État.

Les Russes à Cuba aujourd'hui

Les reliquats de l'époque soviétique sont de moins en moins visibles. Les Lada et les Moskvitch sont encore nombreuses à défier le temps dans les quartiers du Vedado ou de Miramar, mais elles sont de plus en plus souvent remplacées par de petites Peugeot ou Toyota. La présence de Moscou se manifeste plus par des bâtiments décrépits, des usines jamais totalement construites ou des projets scientifiques qui n'ont jamais abouti, telle la centrale nucléaire de Cienfuegos. Dans les *casas particulares*, les climatiseurs soviétiques, dont le terrible bruit de concasseur couvre n'importe quelle mélodie de *salsa*, ont été remplacés par des modèles asiatiques. Pendant de longues années, les Cubains se sont moqués des produits soviétiques. Osvaldo, chauffeur de taxi, les regrette : « Tout ce que font les Russes est solide, contrairement aux produits chinois qui sont mal finis et qui ne durent que deux ou trois ans. Un camion russe est éternel. »

Paru initialement dans *Le Soir*

La dissidence

L'opposition au régime demeure extrêmement morcelée tant à Cuba qu'en Floride, où sont concentrés les principaux éléments de la lutte contre le régime castriste. Une partie de la dissidence est également exilée en Espagne. Elle est beaucoup moins riche, nombreuse et influente que l'opposition qui réside à Miami. Malgré quelques coups d'éclat, l'opposition est relativement discrète à Cuba. Le régime cubain ne tolère aucune forme de dissidence qui mette ses intérêts en danger et réprime immédiatement les opposants.

En Floride

La Floride, et plus particulièrement Miami, abrite la plus forte concentration d'exilés cubains au monde. La quasi-totalité de ce million et demi de Cubains sont farouchement hostiles au régime communiste. À Miami, les opposants aux Castro ont tenté de nombreuses actions armées lors des premières années qui ont suivi la Révolution. Toutes furent des échecs. Par la suite, de nombreuses associations anticastristes ont continué un travail de sape contre le régime socialiste, tel le largage, par des avions de tourisme, de prospectus sur Cuba dénonçant le régime. Des émissions de télévision ou de radio dont les réseaux sont basés à Miami, comme Radio Martí, ont longtemps tenté de contourner la pensée unique des médias socialistes en diffusant des idées anticastristes. S'ils sont moins présents dans des coups d'éclat depuis quelques années, les Cubains de Floride demeurent un lobby très influent qui détermine avec le Congrès la politique de Washington envers Cuba. Depuis l'élection de Barack Obama, les anticastristes de Miami, toujours proches du Parti républicain, se sont par ailleurs rapprochés des démocrates. Ces dernières années, Raúl Castro a tendu la main à la diaspora cubaine de Miami, expliquant que les temps avaient changé depuis les débuts de la Révolution. À l'occasion de la visite du pape dans l'île en mars 2012, le frère de Fidel a reconnu « la contribution patriotique de l'émigration cubaine ».

Les attentes partagées de Cuba face à l'Amérique

C'est la photographie d'un visage sombre sur une feuille de papier blanche. Au-dessus du visage, une inscription: «Prisonnier politique» et puis un nom. La petite affiche photocopiée a été placardée dans la nuit, avant que les habitants de ce faubourg de La Havane ne se soient réveillés. Immédiatement, un groupe de travailleurs se lance à l'assaut de l'affiche. «Mais qu'est-ce que c'est que ça?», dit l'un d'eux, avant d'arracher, puis de faire disparaître la petite feuille aussi vite qu'elle est apparue. «Qui est ce prisonnier politique?», demande un passant. Sourires crispés, bouches cousues, le petit groupe se disperse rapidement. La liberté d'expression politique est toujours nulle à Cuba en dehors du Parti communiste cubain et plus que jamais ces temps-ci la dissidence se sent oubliée. Depuis le rapprochement diplomatique avec les États-Unis, l'opposition politique a été mise à l'écart. Les arrestations arbitraires se multiplient.

À l'instar des dissidents, Pedro, un Cubano-Américain de passage, s'emporte: «Nous avons vécu 50 ans de barbarie», estime le quadragénaire. «Ces gens (les dissidents) sont à la solde des Yumas (Américains). Ce n'est pas que nous ne nous intéressons pas à la politique, mais que nous avons perdu l'habitude d'en parler», assure de son côté la présidente d'un comité de défense de la Révolution dans le quartier havanais populeux de San Miguel del Padrón. De fait, pas un Cubain ne parlera de politique dans la rue ou même chez lui, à l'exception des agents en civil de la sécurité d'État qui discutent avec des touristes étrangers... qui ne se doutent pas de leur identité.

Après 56 ans de pouvoir castriste, les Cubains ne croient plus à un changement possible et à une amélioration de leur condition. «Les Cubains sont habitués aux annonces qui ne sont suivies d'aucun effet et ils s'en méfient», souligne cet économiste occidental en poste à La Havane. Depuis la poignée de main entre Raúl Castro et Barack Obama en décembre 2013, les drapeaux américains fleurissent pourtant à Cuba sur les casquettes, les leggins et surtout sur les kiosques des *cuentapropistas* (les entrepreneurs privés), sans que l'on sache s'il s'agit d'américanophilie. Chose certaine, afficher un drapeau américain était interdit jusqu'il y a peu. «Jusqu'en 1993, le dollar était interdit. En posséder était un délit. On a mis des gens en prison pour cela», confie Julio, gérant d'un restaurant d'État.

Paru initialement dans *Le Figaro*

À Cuba

Plus de 50 ans après la victoire de la Révolution, l'opposition politique est morcelée et encore peu organisée, pour ne pas dire inexistante dans l'île. Cela s'explique, d'une part, parce que de nombreux opposants ont quitté Cuba, mais aussi parce que la répression est féroce. Fidel Castro s'est souvent servi des vagues d'exil (voir «L'exil des Cubains», ci-dessous), que ce soit en 1980 ou en 1994, pour se débarrasser d'opposants politiques qui, une fois rendus à Miami ou ailleurs, devenaient moins dangereux qu'à Cuba. Aucun leader de l'opposition n'a à ce jour émergé avec un programme crédible. En juillet 2010, La Havane a annoncé la libération progressive de 52

Obama, bien que populaire, ne fait pas rêver les Cubains

La Havane repeint ses vieux bâtiments. La Havane restaure ses rues. La Havane se refait une beauté pour la visite de Barack Obama [NDLR: en mars 2016]. Des milliers de travailleurs ont envahi les rues de la capitale depuis le début mars. Ils s'attaquent méthodiquement à la restauration des vieux palais, au bitume des vieilles rues par lesquelles passera le convoi présidentiel américain. Et à en juger par les préparatifs, les yeux du président devront se poser sur l'immense théâtre Karl Marx de la première avenue du quartier de Miramar. Mais aussi sur l'église Sainte-Rita, sur la cinquième avenue, où les Dames en blanc, les dissidentes les plus célèbres à l'étranger (mais peu connues à Cuba), défilent chaque dimanche.

«Je vais aller voir Obama. Ce qui m'intéresse c'est de voir sa limousine, la *Bestia* (The Beast)», conte Yirina, mère au foyer. Pour le reste, la politique, Yirina s'en moque. Ces derniers jours, La Havane se préparait donc à recevoir Obama, mais il serait faux de dire que les Havanais s'enflamment pour cette visite et qu'ils en attendent beaucoup. L'immense majorité des Cubains, près de 80% sont nés après la Révolution, n'imaginent tout simplement pas de futur. «Ici rien ne change. Les choses seront toujours pareilles», note Yirina. Ramón, agriculteur quinquagénaire des environs de la capitale, en est sûr. «Le fait qu'Obama vienne ne changera rien pour moi. Depuis le changement de notre modèle socialiste pour une économie plus capitaliste, les prix ont augmenté», assure Ramón, avant de conclure: «Les Américains n'ont jamais réussi à nous faire plier, même pendant la période spéciale où l'on mangeait des feuilles de palmier, mais ils nous auront par le commerce.»

Paru initialement dans *Le Télégramme*

prisonniers politiques. De nombreux autres ont été arrêtés depuis, puis libérés. Et ainsi de suite. Si Raúl Castro a fait montre d'ouverture dans le domaine économique, il n'en est rien dans le domaine politique. À l'instar de ce qu'a fait Fidel par le passé, Raúl s'est débarrassé de l'opposition en l'envoyant en exil à l'étranger, tout en redorant son blason auprès de la communauté internationale.

À Cuba, toute forme de dissidence est très vite réprimée. En 2003, plus de 75 dissidents ont été emprisonnés. En 2010, la majorité des opposants étaient toujours en prison, suscitant une vague de protestations et de nombreuses grèves de la faim lors des premiers mois de l'année. Les grèves de la faim de dissidents et les manifestations des Dames en blanc, les épouses des dissidents emprisonnés, ont fait grand bruit à l'étranger. Elles ont contraint le gouvernement castriste à libérer progressivement les 75 dissidents du «Printemps noir» de 2003. Outre des associations de défense des droits de l'homme, l'opposition cubaine est souvent constituée de blogueurs et de journalistes qui tentent de s'exprimer sur le réseau des réseaux. «Les autorités s'emploient à étouffer sur Internet toute expression d'une société civile qui se constitue. La censure relève en ce sens d'une dénégation du gouvernement face aux évolutions de l'île, présentes et à venir, qui échappent à son contrôle», ajoute le rapport de Reporters sans frontières. Les collectifs de blogueurs alternatifs sont régulièrement inaccessibles depuis les ordinateurs de l'île. Le régime fait valoir de son côté, non sans raison, que la dissidence reçoit de l'argent de l'ennemi américain. Une tentation à laquelle l'opposition cubaine n'a pas su échapper et qui lui a fait perdre beaucoup de crédibilité.

L'exil des Cubains

Le rêve d'un ailleurs meilleur est ancré chez chaque Cubain. Quitter l'île pour des lendemains plus roses à l'étranger est *la* discussion des Cubains. Sur les longues plages à l'est de la capitale, les Havanais pointent du doigt l'horizon imaginaire d'une Floride si proche et si lointaine. Cuba est située à 160 km de la première puissance de la planète. L'île est une prison, que l'on ne quitte légalement ou illégalement que très difficilement. Certes, les habitants de Cuba ont droit, depuis janvier 2013, de quitter le pays sans demander un permis de sortie, mais cela ne résout pas le problème des visas. En 2015, puis au premier semestre 2016, les Cubains n'ont jamais été aussi nombreux à tenter de rejoindre les États-Unis via les pays d'Amérique centrale. Les États-Unis ne sont pourtant pas le pays rêvé des Cubains, mais l'Amérique constitue un moyen d'espérer sortir d'une condition que les Cubains jugent sans avenir. Par leurs cousins de Miami, par les émissions de télévision satellite interdites, les Havanais connaissent bien la réalité américaine. Ils s'inquiètent de la violence aux États-Unis, des coûts de la santé et de l'éducation. S'ils ont un faible pour le Canada, l'Espagne ou l'Italie, il

Légendes de l'exil

«C'était là, sur la plage de Guanabo. Une *lancha* cigarette [hors-bord au moteur surpuissant] est arrivée en plein jour, à pleine vitesse.» D'un revers de la main, Lisandra mime l'arrivée de la vedette rapide. La *lancha* surgit sur le rivage de cette plage très fréquentée située à une vingtaine de kilomètres de la capitale cubaine. «Un homme a sauté du bateau. Il s'est écrié: "Qui veut partir avec moi aux États-Unis? C'est gratuit, un cadeau." Évidemment, tout le monde sur la plage était dubitatif. Les uns pensaient qu'on allait les jeter à l'eau. Les autres se disaient que c'était un envoyé du ciel», chuchote la jeune femme.

«Plusieurs personnes sont montées dans la *lancha*. Un père et son fils se déchiraient. Le fils voulait partir. Le père ne voulait pas. Le jeune est parti, en maillot de bain. C'est comme ça qu'il est arrivé aux États-Unis, en maillot. Un Américain lui a donné de l'argent pour qu'il téléphone d'une cabine à son père.» Les Cubains, merveilleux conteurs dès qu'il s'agit de parler d'ailleurs, regorgent d'histoires vécues et de légendes sur l'exil. Telle est celle de ce pêcheur. Bercé par le rhum, il s'endormit dans sa barque. Lorsqu'il se réveilla, son canot flottait dans les eaux territoriales américaines. «Une grande vague l'avait amené jusque-là. Des pêcheurs américains l'ont recueilli. Il vit à Miami», ajoute Lisandra.

Paru initialement dans *Le Soir*

n'en demeure pas moins que la plupart diront qu'ils sont prêts à partir dans n'importe quel pays pour ne plus vivre dans le leur.

L'immigration illégale, la fuite de l'île

L'exil des Cubains, principalement vers les États-Unis et la Floride, a connu plusieurs grandes vagues. Lors de la chute du régime de Batista en 1959, un premier groupe d'opposants aisés a quitté l'île. Proches de l'ancien dictateur, ils avaient peur d'être exécutés. Non sans raison d'ailleurs, puisque parmi ceux qui restèrent ou ne purent s'échapper, des milliers furent liquidés à La Havane à la forteresse de la Cabaña par Ernesto Che Guevara et ses miliciens. Quelques années plus tard, ce fut au tour des classes moyennes de partir. Ces Cubains comprirent qu'ils risquaient de perdre leurs biens et leur liberté. Si une partie des premiers exilés, après la Révolution, partit assez facilement, par la suite ils durent le faire clandestinement.

En 1980, des milliers de Havanais prirent d'assaut l'ambassade du Pérou, où ils trouvèrent refuge. Après une valse hésitation, Fidel Castro a laissé 125 000 Cubains quitter le pays entre avril et octobre 1980. C'est l'exode du port de Mariel, du nom de l'un des ports cubains les plus proches de la Floride. Mariel a marqué les autorités américaines. D'une part, parce que parmi les réfugiés cubains se trouvaient de nombreux fous et prisonniers de droit

Cuba s'ouvre au monde

C'est une petite révolution à Cuba qu'a annoncée ce matin le *Granma*, l'organe officiel du Parti communiste cubain. En une et dans un bandeau rouge vif, le principal quotidien de l'île a titré: *Cuba actualise sa politique migratoire*. Les autorités suppriment la demande de permis de sortie du territoire, ainsi que la carte d'invitation (remplie par un étranger), nécessaires jusqu'ici pour pouvoir se rendre à l'extérieur du pays. C'était l'une des principales revendications de la population. Seul suffira le passeport, ainsi qu'un visa, délivré par le pays souhaité.

La carte d'invitation allait être supprimée. Chose faite le 14 janvier 2013. C'est un changement de politique radical. Si pendant des décennies, les émigrants ont été considérés comme des traîtres à la patrie et traités de *gusanos* [NDLR: vers] par le gouvernement, les difficultés administratives pour obtenir le droit de quitter l'île n'ont jamais empêché les Cubains de le faire illégalement. La décision des autorités cubaines est pragmatique. Avec le tourisme, les *remesas* [NDLR: envois d'argent de l'étranger aux familles] sont la principale source de revenus de l'économie socialiste. Une nouvelle émigration massive de Cubains pourrait contribuer à augmenter les *remesas*.

«La suppression des permis de sortie ne changera pas forcément grand-chose. Il faudra qu'ils [les Cubains] obtiennent les visas des ambassades étrangères pour sortir», confiait il y a peu ce diplomate occidental. Les autorités, elles, auront toujours la possibilité de refuser la délivrance d'un passeport pour des raisons politiques, mais aussi pour éviter «la fuite des cerveaux».

Paru initialement dans *Le Temps*

commun. Ce n'étaient pas les réfugiés que Washington souhaitait accueillir. D'autre part, parce que l'arrivée d'une vague massive de réfugiés à Miami a contribué à une hausse massive du chômage en Floride à l'époque. Enfin, en 1994, une importante vague de *balseros* (Cubains qui s'enfuient sur des radeaux) a quitté le pays sur des embarcations de fortune.

Bon an, mal an, entre 2006 et 2008, 3 000 Cubains ont obtenu le statut de réfugiés aux États-Unis (soit environ 7% des réfugiés), selon les chiffres de l'Office of Immigration Statistics. Pour rejoindre l'Amérique et plus particulièrement la Floride, les candidats à l'exil choisissent souvent de passer par le Mexique, moins surveillé que la côte américaine. En vertu de la politique «Pieds mouillés, pieds secs», instaurée par Bill Clinton en 1995, les *balseros* sont renvoyés à Cuba s'ils sont interceptés par la Coast Guard avant d'avoir posé le pied sur le sol américain. Un retour à Cuba signifie des brimades pour ceux que le régime communiste a longtemps appelé les *gusanos* (les vers).

Les voies légales de l'exil

Dès 1965, les États-Unis ont réglementé l'accueil des exilés cubains sur leur sol, avec une législation très souple favorisant la venue des Cubains. Avec le temps, Washington a été moins désireux de recevoir des hordes de réfugiés. En vertu d'accords migratoires de 1995 entre La Havane et Washington, 20 000 visas sont délivrés chaque année aux Cubains. Si la très grande majorité des habitants de l'île tentent d'émigrer aux États-Unis, pour des raisons de proximité géographique et pour l'importante communauté cubaine en Floride, l'Espagne accueille aussi les Cubains.

La culture

L'arrivée de Fidel Castro à la tête de Cuba en 1959 a été saluée par de nombreux intellectuels dans le monde. Le Líder Máximo a su attirer à lui une bonne partie de l'intelligentsia culturelle de l'époque. Lors d'une visite mémorable à La Havane en 1960, Jean-Paul Sartre et Simone de Beauvoir ont été éblouis par le socialisme tropical. Un défilé de personnalités a accompagné les premières années de la Révolution. La joie a été de courte durée, quelques mois pour certains, quelques années pour les plus optimistes. Lors d'un discours, *Palabras a los intelectuales* (Paroles aux intellectuels), prononcé en juin 1961, Fidel Castro a fixé les règles du jeu pour les artistes: «Quels sont les droits des écrivains et des artistes révolutionnaires et non révolutionnaires? À l'intérieur de la Révolution, tout; contre la Révolution, rien du tout.» Tout est dit. Si plus de 50 ans après la Révolution, cette position n'a guère changé, cela ne signifie pas que Cuba est incapable de création culturelle originale. Malgré son inféodation au pouvoir, la culture cubaine est très riche dans les domaines musicaux et littéraires.

Une architecture métissée

Les grandes villes de l'île sont une mosaïque de styles architecturaux, tantôt baroque, tantôt rococo ou néoclassique d'origine européenne. Il y a, dans ce mélange hétéroclite des genres et des styles, quelque chose de très cubain, que l'on retrouve dans l'ensemble de la société cubaine. La Havane, longtemps la proie des corsaires, a été une ville fortifiée.

Les Rolling Stones à Cuba, enfin!

La *Yipi* (Jeep) septuagénaire, six passagers à l'arrière, trois à l'avant, avale les faubourgs de La Havane. La *Yipi* danse. La *Yipi* crache de toutes parts un *reggaetón* endiablé qui envahit l'habitacle. Et les Stones? «Il faut voir. Nous allons les entendre pour la première fois. Nous ne les connaissions pas il y a encore 15 jours», lance Mykel, un petit Métis, accompagné de sa fiancée. Direction les plaines du complexe sportif de la Ciudad Deportiva, où les Rolling Stones ont posé leurs scènes. La foule, majoritairement adolescente et bon enfant, multiplie les *selfies*. Pas d'alcool, pas de drogues. La Police nationale révolutionnaire veille. La température est douce. Voici les Rolling Stones. Mick Jagger, veste rouge de circonstance, lance en espagnol un «Nous sommes ici, finalement». La formation anglaise, jugée capitaliste et décadente, n'a pas été interdite officiellement, mais fortement déconseillée à l'écoute pendant un demi-siècle. Plus rien de cela n'a de sens aujourd'hui. À 84 ans, Raúl Castro est devenu un rocker. Alors, entre deux titres, Mick Jagger, le rebelle, ose: «Il paraît qu'il était difficile d'écouter notre musique, mais nous sommes ici. Il semble que Cuba est en train de changer.» Les réactions des 500 000 personnes présentes sont timides. La jeune foule cubaine ne se passionne pas. L'île vibre pour la *salsa*, le *reggaetón*, plus que pour le rock. Vraiment, Cuba est encore un autre monde.

Paru initialement dans *Le Figaro*

L'architecture militaire du XVIIIe siècle y reste bien présente avec pour symbole la forteresse de la Cabaña, au début du mythique front de mer, le Malecón. Au XIXe siècle, l'architecture classique a pris le relais, avant de céder la place, au tournant du XXe siècle et jusqu'à la Révolution, à de nombreux édifices d'inspiration américaine. Le prestigieux Hotel Nacional de La Havane en est un bon exemple.

Après 1959, l'architecture cubaine est devenue pratique, sans charme. Elle a répondu pour l'essentiel à des besoins fonctionnels, qu'il s'agisse de logements ouvriers, de ministères à l'architecture soviétique ou de vastes stades de sport. À La Havane, l'UNESCO a procédé ces dernières années à d'importantes restaurations dans les quartiers de La Habana Vieja et du Vedado. Malgré ces restaurations, les voyageurs peuvent toujours s'enivrer du charme étrange des églises et des palais espagnols baroques délabrés d'où le linge pend aux fenêtres.

Une littérature engagée

Les écrivains cubains ont été de tous les combats: lutte contre l'esclavagisme, indépendance, défense ou opposition à la Révolution de 1959. Au début du XIXe siècle, les Espagnols ont envoyé les grands poètes et romanciers José-María de Heredia et Cirilo Villaverde en exil pour avoir porté le combat de l'indépendance cubaine dans leurs écrits. Cette littérature engagée a atteint son apogée avec l'idole de la littérature cubaine, José Martí. En tombant au champ d'honneur en 1895, le poète et chef révolutionnaire devint un martyr, quelques années avant l'indépendance de Cuba. Au milieu du XXe siècle, Nicolás Guillén et Alejo Carpentier, en exil politique pendant la dictature de Batista, prirent le relais des écrivains révolutionnaires appréciés par le régime socialiste. Toute la classe littéraire cubaine n'est toutefois pas dans les bonnes grâces du pouvoir.

Les artistes cubains découvrent le monde

Jorge* est peintre dans une grande ville de province. La cinquantaine dynamique, il montre son petit atelier aux toiles surréalistes. Pendant longtemps, sortir du pays était un chemin de croix pour un artiste. Alors Jorge se contentait de rêver d'être reconnu ailleurs que dans sa ville. Depuis 2010, les artistes ont obtenu des facilités pour découvrir le monde. «Pour exposer à l'étranger, le problème reste le même. Il faut obtenir un visa, mais ce n'est plus si difficile que ça pour les artistes.» Jorge se souvient de son exposition à Paris, de sa visite au musée Rodin, «le rêve d'une vie», mais aussi des cafés à trois euros. L'artiste s'exclame: «Ils sont fous, les Français. Avec trois euros, je vis plusieurs jours.» Jorge s'est rendu au Canada et aux États-Unis. «J'ai pu aller exposer à St. Catharines, en Ontario, mais aussi dans le Wisconsin. J'ai proposé des œuvres à tous les prix. Et elles se sont toutes vendues.»

**Jorge est un nom d'emprunt.*

Les écrivains contemporains de la Révolution ont très vite été perçus par Fidel Castro comme une source potentielle de contestation. Dès le milieu des années 1960, des dizaines d'entre eux furent harcelés, envoyés dans des camps de travail et interdits de publication. Une part importante des écrivains cubains s'enfuirent à l'étranger d'où ils poursuivirent une littérature engagée contre le régime en place. Parmi eux, Reinaldo Arenas, Guillermo Cabrera Infante ou encore Zoé Valdés, pour ne citer que ces auteurs. «La Révolution a fait d'eux des indésirables et des parias, non seulement dans leur propre pays, mais aussi au sein d'une bonne partie de la communauté internationale», a écrit l'écrivain exilé Jacobo Machover. Rares sont les Cubains qui connaissent ne serait-ce que le nom de ces auteurs exilés.

Quelques écrivains connus internationalement, comme Leonardo Padura ou Pedro Juan Gutiérrez, demeurent cependant à Cuba. Ils ont réussi à être publiés à l'étranger. Les romans policiers de Leonardo Padura sont de subtiles critiques du système cubain, alors que ceux de Pedro Juan Gutiérrez sont une truculente histoire de la vie quotidienne des habitants de la grande île. Comme tous ses compatriotes, l'écrivain cubain se heurte à des contingences terribles. Politiques tout d'abord, puisqu'il doit faire partie de l'Unión Nacional de Escritores y Artistas de Cuba (UNEAC), l'Union des écrivains et artistes cubains. Une exclusion de celle-ci constitue de facto une mort littéraire. La censure agit comme un couperet omniprésent. Contingences matérielles ensuite, puisque le manque de papier limite les tirages et la qualité physique des ouvrages. Contingences économiques, finalement, car le prix des livres, cubains et étrangers, demeure élevé pour la majorité de la population. Les Cubains privilégient les bibliothèques, et il est assez rare de voir les habitants de l'île lire en dehors de ces lieux.

Les arts plastiques

C'est un Français, Jean-Baptiste Vermay, qui a créé l'Académie des beaux-arts de La Havane au début du XIXe siècle. Il eut une influence déterminante au cours de ce siècle sur la peinture de l'île. Cuba a ainsi été marquée par deux grandes écoles: les romantiques, à l'instar de José Joaquín Tejada, et les réalistes, tel Guillermo Collazo. Durant les premières décennies du XXe siècle, les peintres cubains ont été très influencés par l'Europe et ses peintres avant-gardistes. Jusqu'aux années 1930, les artistes sont toujours en quête d'une identité nationale. Avant la Révolution, le style cubain va s'affirmer. Le peintre de l'île le plus connu depuis le milieu du XXe siècle, Wilfredo Lam, a marqué la peinture cubaine par ses œuvres inspirées de la culture afro-cubaine. En apportant la touche afro chez les peintres cubains, il a libéré l'île des influences de la culture de masse nord-américaine et a été le porte-drapeau d'une identité cubaine propre.

Après 1959, la peinture entre au service de la Révolution. En vertu de l'article 32 de la Constitution cubaine, «la création artistique est libre du moment que son contenu n'est pas contraire à la Révolution». La logique est la même que pour la littérature. Les artistes sont au service des grands événements nationaux, engagés notamment dans des grandes fresques vantant le prolétariat dans un réalisme forcé. «On cherche à se mettre au niveau de ce que tout le monde comprend, c'est-à-dire de ce que comprennent les fonctionnaires. On annihile l'authentique recherche artistique et le problème de la culture générale se réduit à une appropriation du présent socialiste et du passé mort», a résumé Che Guevara en 1965 dans *Le socialisme et l'homme à Cuba*. La peinture cubaine est diffusée dans toutes les villes au travers d'expositions dans les *casas de la cultura* (maisons de la culture) et de galeries dans les plus grandes villes. Dans les *casas de la cultura*, un employé est chargé spécifiquement de veiller à l'application culturelle des principes de la Révolution. Le musée de Bellas Artes à La Havane est l'un des meilleurs endroits pour profiter d'un panorama complet de la peinture cubaine à travers les âges.

Depuis le milieu des années 2000, les œuvres des artistes cubains sont de plus en plus achetées par des voyageurs étrangers qui misent sur une hausse des cotes de cet art après la fin du régime socialiste. De nombreux marchands et amateurs américains et européens se rendent dans la grande île pour faire l'acquisition d'œuvres cubaines. Les Américains constitueraient environ la moitié des acheteurs d'œuvres contemporaines à Cuba. Des artistes tels que Tomás Sánchez, Kcho, Manuel Mendive, ou encore Aguedo Alonso, sont particulièrement bien cotés à l'étranger. Parmi les créateurs contemporains les plus en vue figure également Juan Roberto Diago. Ce Havanais mêle peinture et photos dans ses créations ayant pour thème principal l'esclavage. Si de nombreux artistes cubains sont exposés à l'étranger, certains, comme le plasticien Alexandre Arrechea, ont même vu leurs œuvres exposées à Times Square.

La musique

Élément majeur dans la vie quotidienne des habitants de l'île, la musique est pour ces derniers une seconde nature. On l'écoute dans le bus, sur la plage et même sur le téléphone portable. Les Cubains de tous âges passent des heures à écouter à plein tube leur musique préférée, qui est presque toujours latino-américaine. Cette passion pour la musique n'est pas étrangère à la naissance de plusieurs genres musicaux dans l'île, comme le *cha-cha-chá*, le *son* ou le *mambo*. Outre ceux-ci, les Cubains dansent ou écoutent les *salsa*, *merengue*, *timba*, *rumba*, *guajira*, *conga*, pour ne nommer que les principaux.

Les Cubains plus âgés et les familles optent pour les concerts publics très fréquents dans les parcs ou pour les *casas de la música*, où des groupes de musiciens jouent de la musique traditionnelle. Au-delà de la variété, c'est peut-être la spontanéité qui peut le mieux définir la musique cubaine. Les groupes d'une dizaine de musiciens ne sont pas rares. Ils se forment dans la rue ou dans un garage.

La musique a servi de vecteur pour la Révolution. Une chanson révolutionnaire comme *Hasta siempre comandante* (Avec toi pour toujours commandant), composée en 1965 par Carlos Puebla, est une ode à Ernesto Che Guevara. Elle est aussi devenue un véritable succès mondial que fredonnent toujours des millions de personnes chaque année, notamment les touristes de passage à Cuba. À la fin des années 1960, Cuba s'est d'ailleurs lancée sur le thème de la chanson engagée, porte-étendard de la Révolution, avec pour fer de lance des artistes tels que Pablo Milanés ou Silvio Rodríguez. Celui-ci ira même jusqu'à exporter sa musique en Afrique, puisqu'il s'engagera au milieu des années 1970 dans la guerre en Angola.

Cuba a aussi eu son lot de musiciens ou de chanteurs légendaires à l'extérieur de l'île. La plus célèbre, Celia Cruz, qui était souvent surnommée la «Reine de la *salsa*», avait quitté l'île en 1960. Les nombreux artistes qui quittèrent Cuba au moment de la Révolution furent ensuite totalement bannis par le régime.

Vers la fin des années 1990, un groupe de musiciens, le Buena Vista Social Club, connut un succès planétaire. Redécouverts par le réalisateur allemand Wim Wenders et le guitariste américain Ry Cooder, des musiciens cubains des années 1950, souvent octogénaires, sont revenus sur le devant de la scène. Ils avaient pour nom Ibrahim Ferrer, Compay Segundo ou encore Rubén González.

Aujourd'hui, si tous les genres musicaux sont écoutés à Cuba, on entend partout le *reggaetón* pour lequel la jeunesse se passionne. Les autorités cubaines ont désormais accepté ce nouveau genre, mais les musiciens de *reggaetón* qui ne suivent pas la ligne du parti ont des relations houleuses avec le régime. Depuis le début des années 2000, le *reggaetón* est devenu *la* musique de la jeunesse cubaine. Né à Alamar, une banlieue industrieuse située à une dizaine de kilomètres de La Havane, le *reggaetón* cubain a envahi les discothèques. Plus sexuel que les autres genres musicaux, il touche plus les classes populaires que la jeunesse dorée. Le *reggaetón* a fait l'objet d'une offensive du régime à la fin de l'année 2012 pour ses paroles jugées vulgaires. Au delà de cette tentative de museler cette musique plébiscitée par la jeunesse, l'objectif était de rappeler aux groupes de *reggaetón* quelles sont les limites à ne pas franchir dans leur critique du régime. Depuis le tournant du siècle, à côté du rap commercial s'est développé un rap underground. Alors que le premier aligne les paroles niaises, le second attaque parfois violemment le régime et la société cubaine. C'est aussi le cas pour la jeune génération de hip-hop contestataire, tel le groupe Los Aldeanos, très incisif à l'égard des autorités. Plus critique encore, des groupes arnacho-punks, tel Porno para Ricardo, dont le chanteur Gorki Águila a souvent eu droit à des séjours en prison. Malgré cela, Gorki Águila continue son bonhomme de chemin musical avec des chansons comme *El General* qui attaquent assez violemment Raúl et feu Fidel Castro. Les concerts de Porno para Ricardo sont diffusés sur Internet et dans quelques salles clandestines.

La danse

Cuba est une île qui danse. La danse est un sport national à Cuba. Dans leur majorité, les Cubains passent de longues heures à danser chaque semaine. Ce peut être des *salsas* ou des *mambos* sur les places des villages pour les plus âgés ou du *reggaetón* pour les plus jeunes. Les habitants de l'île dansent au moindre prétexte, chez eux, dans la rue et même parfois dans le bus qui les mène au travail. La relation des Cubains avec la danse est amoureuse, mais elle est aussi certainement due au fait que Cuba est un pays coupé du reste du monde, où le temps s'est arrêté en 1959. Les activités y sont celles que les habitants d'autres pays avaient il y a un demi-siècle.

À côté de ces mouvements de danse populaire, les troupes de danse classique sont à l'étranger l'une des vitrines du régime. Si la grande île est constellée d'écoles de danse, plus ou moins prestigieuses, Cuba doit beaucoup à une personne, Alicia Alonso. L'étoile de la danse cubaine, fondatrice en 1948 du Ballet Nacional de Cuba (Ballet national de Cuba) qu'elle dirige toujours à plus de 90 ans, a créé un véritable modèle. Le Ballet Nacional est l'école phare de l'île, à laquelle il faut ajouter une quarantaine d'écoles secondaires.

Le cinéma

Les frères Lumière ont organisé les premières projections de films à Cuba en 1897. Un an plus tard, un metteur en scène cubain dénommé Casasus a réalisé un premier court métrage. Dès les années 1920, Ramón Peón a conçu les premières productions totalement cubaines, avec des titres tels que *Realidad* ou *La virgen de la caridad* qui furent des succès en 1930. Jusqu'à la Révolution, Manuel Alonso a été le réalisateur marquant de son époque. Il a réalisé le premier dessin animé cubain en 1937. Dans les années 1950, Cuba vit sa période nouvelle vague. En 1959, de nombreux réalisateurs, dont Manuel Alonso, prennent le chemin de l'exil. C'est cette année-là que le régime socialiste a créé l'Instituto Cubano de Arte e Industria Cinematográficos (Institut cubain de l'art et de l'industrie cinématographiques). Cet organisme a désormais pris en charge tant la production que la distribution de films.

Le cinéma cubain doit respecter le modèle socialiste, et de nombreux films ou réalisateurs jugés nocifs sont écartés. Pour diffuser le message révolutionnaire à travers le cinéma, le régime a créé des *cinemoviles*, sorte de cinémas mobiles qui se rendent dans les campagnes. Le cinéma cubain a longtemps souffert de son manque de moyens et du départ de nombre de réalisateurs. Entre 1960 et 1970, Cuba a produit moins de 20 longs métrages !

Dans la grande île, la censure est toujours très pesante. Malgré tout, depuis une vingtaine d'années, des réalisateurs tels Juan Carlos Tabío ou Tomás Gutiérrez Alea se sont illustrés avec leurs films *Se permuta, La muerte de un burocrato* ou *Fresa y Chocolate,* et ont eu une reconnaissance internationale en évoquant les problèmes de la société cubaine. Si par ses critiques cinématographiques sur la lourdeur bureaucratique, Juan Carlos Tabío a été dans la mire du régime, il a toutefois pu continuer à s'exprimer.

Depuis un peu plus d'une décennie, Cuba accueille quelques festivals de cinéma. Outre un festival du film d'animation et un festival du film français, l'étonnant Festival Internacional del Cine Pobre (le Festival du cinéma pauvre) accueille chaque année depuis 2003 les œuvres de réalisateurs dont le budget n'a pas excédé 300 000 dollars.

Le théâtre

Le théâtre est généralement perçu comme l'un des plus anciens modes culturels de Cuba. Importé par les Espagnols dès le XVIe siècle, il est à ses débuts un théâtre religieux, un relais entre le message chrétien et les hommes. C'est au XVIIIe siècle et surtout au XIXe siècle que le théâtre cubain prend son essor avec le théâtre Bufo, qui s'appuie sur les mélodrames et des personnages typiques tels que l'Espagnol, le Noir, la Mulâtre. Jusqu'à la Révolution, une autre forme de théâtre est apparue, le théâtre *culto*, qui évoque la lutte des classes et les problèmes sociaux. Dans la vie quotidienne des Cubains, le théâtre fait aujourd'hui office d'art mineur.

Les médias

Le régime socialiste a bénéficié dès ses débuts de la bienveillance coupable de nombreux intellectuels. En 1961, l'un des penseurs les plus influents du moment, Jean-Paul Sartre, a dit: « Je tiens à bien préciser que ceux qui sont contre la Révolution n'ont pas droit à la parole.[1] » La volonté de Sartre a été respectée. La liberté de la presse n'existe pas à Cuba, et le traitement de l'information ne brille pas par son originalité. Les nouvelles sont plutôt monotones. Toute critique envers le régime est quasi inexistante.

Le quotidien phare de l'île est d'ailleurs l'organe officiel du Parti communiste cubain (Partido communista de Cuba-PCC), *Granma*. Avec *Juventud Rebelde*, le *Granma* constitue la principale source d'information écrite pour tous les habitants, de Santiago à La Havane. S'il existe de nombreux journaux locaux, tels *Habanero* (La Havane), *Adelante* (Camagüey) ou *Ahora* (Holguín), tous s'expriment dans le cadre du PCC, c'est-à-dire sans liberté. Il existe toutefois de nombreuses revues d'art de qualité, tout comme le magazine littéraire *Bohemia*, la revue maritime *Mar y Pesca* (mer et pêche) ou encore la féminine *Mujeres*. La presse n'est pas toujours bien distribuée dans les kiosques ou dans la rue. Sur 180 pays étudiés, l'organisme Reporters sans frontières a classé Cuba 171e en 2016 pour ce qui est de la liberté de presse. Mieux que l'Érythrée (180e), mais moins bien que la France (45e), le Canada (18e) ou la Belgique (13e). À Cuba, toute critique médiatique est sévèrement réprimée.

Selon Reporters sans frontières, dont la position sur Cuba n'a pas toujours été neutre et souvent anticastriste, Cuba « est le pire pays d'Amérique latine en matière de liberté de la presse... ». Depuis le milieu des années 2000, les cyberjournalistes, souvent clandestins, constituent une brèche dans le mur du contrôle de l'information. Ils forment un mouvement de dissidence, dont les auteurs sont de plus en plus fréquemment incarcérés. S'il existe de nombreux blogues contestataires, certains sont manipulés par la dissidence de Miami ou par le régime castriste! En 2014, la blogueuse Yoani Sánchez a créé un quotidien sur Internet, *14 y Medio*. Si les opposants assurent qu'il s'agit du seul quotidien libre de l'île, les proches du régime disent que ce n'est qu'un outil de propagande financé par les États-Unis.

La religion

Cuba compte toutes les religions que l'on retrouve dans les autres pays de la planète. Des protestants aux communautés orthodoxes ou juives, les cultes sont très variés. La majorité des Cubains sont toutefois catholiques. Les rapports entre le régime socialiste et les religions ont toujours été tendus. À ce propos, les écrivains Erik Orsenna et Bernard Mathussière ont dit avec humour dans *Mésaventures du paradis*: « Il paraît qu'au début de la Révolution, El Líder était jaloux de tous ces saints. Quel besoin d'anges gardiens quand le marxisme vous éclaire et qu'un

1. Yves Guilbert, *Castro l'infidèle*, 1961.

comandante veille sur vous? Aujourd'hui aux abois, il cherche des alliés partout, y compris chez les dieux.»

Les relations des religions avec le régime

Selon l'article 8 de la Constitution cubaine, «l'État reconnaît, respecte et garantit la liberté religieuse... Toutes les croyances et religions jouissent d'une égale considération». Dans ses *Entretiens sur la religion avec Frei Betto*, Fidel Castro a exprimé sa pensée sur les rapports entre les religions et l'État: «Il n'y a pas eu de problèmes avec les croyances animistes ou autres... Certaines Églises protestantes, notamment les Témoins de Jéhovah, en raison de leurs caractéristiques particulières, ont connu des tensions avec la Révolution. Mais j'ai lu que les Témoins de Jéhovah ont des problèmes partout... Nous nous sommes trouvés devant une prédication qui s'opposait au service militaire.» Aujourd'hui, la liberté de religion est à peu près garantie.

La religion catholique

Au moment de la Révolution, 70% des habitants de l'île se définissaient comme catholiques. L'Église catholique a été, dès les débuts de la Révolution, impliquée dans des actions politiques contre le régime. Certains curés cubains venus de Floride ont participé au débarquement de la baie des Cochons. Fidel Castro a alors muselé l'Église et expulsé plusieurs centaines de prêtres au début des années 1960. Pendant quatre décennies, la liberté de culte des catholiques a été réduite à néant. *El Comandante* ne l'a pas nié: «Les

Les enfants de Fidel ne sont plus catholiques

Au pays du communisme déclinant, il était une foi de moins en moins catholique. Après des décennies d'athéisme d'État, les bons pères ne sont plus que 357 pour évangéliser 11 millions de Cubains. Au début de la Révolution, plus de 600 prêtres ont été expulsés ou sont partis «volontairement». Bien des lieux de culte, parmi les 650 que compte l'île, sont en ruine. Selon les sources, le pourcentage de catholiques à Cuba varie entre 25... et 70%. Surtout, face aux pentecôtistes et aux Témoins de Jéhovah qui distribuent des vêtements et de la nourriture, l'Église catholique n'a, à quelques exceptions près, qu'un discours spirituel à offrir, bien éloigné des préoccupations des Cubains. Les cultes évangéliques, financés par des fidèles américains, séduisent aussi pour leurs célébrations avec force musique et tambours.

Dans ce contexte, le voyage du pape à Cuba jusqu'à mardi [NDLR: Benoît XVI en 2012] pour convertir les enfants du socialisme en bons catholiques paraît une mission impossible. D'autant qu'à Cuba, la Bible ne fait pas le catholique. La plupart des baptisés pratiquent aussi la *santería*, la religion afro-cubaine qui prédomine dans l'île, bien qu'ils s'en défendent en public. La rumeur populaire veut même que Fidel Castro soit proche de la *santería*. Ce culte pacifique, qui a ses propres divinités, comme Chango, le dieu de la guerre et du feu, ou encore Obatala, le dieu créateur, n'a jamais été réprimé. Pour une raison: la *santería* n'a pas d'ambitions politiques, une position prudente que Fidel a louée face au catholicisme.

Paru initialement dans *Le Télégramme*

problèmes, c'est avec les institutions catholiques qu'ils sont apparus. Ce qui n'est pas la même chose [que le catholicisme]. »

Les choses se sont améliorées à la fin des années 1980. C'est à cette époque que le guide de la Révolution s'est exprimé en détail sur ses rapports avec le catholicisme : « Avec la messe il y avait aussi les prières. Ce que j'en pense? Cela ne m'a pas fait beaucoup d'effet, c'est le moins que je puisse dire, de répéter cent fois machinalement les *Ave Maria* et les *Notre Père...* », avant d'ajouter : « À celui qui me demande si j'ai une croyance religieuse, je ne peux que répondre non. » La visite du pape Jean-Paul II en 1998 a constitué un tournant majeur. Le catholicisme a alors retrouvé une partie de sa liberté d'expression, tout en se gardant de prendre une position politique. Si en 2010, l'Église catholique est pour la première fois sortie de son mutisme pour soutenir les dissidents politiques et pour jouer les médiateurs entre le régime et l'opposition, elle a peu à peu pris ses distances avec la dissidence pour se rapprocher des autorités communistes. Si le Vatican a joué un rôle important dans le rapprochement entre Cuba et les États-Unis, la visite des papes Benoît XVI en 2012, puis de François en 2015, n'a pas soulevé l'enthousiasme des foules cubaines. Ironiquement, avant la Révolution, l'Église était très proche de la dictature de Batista.

La *santería*

La plupart des Cubains touchent de près ou de loin à la *santería*, même s'ils s'en défendent en public. Religion d'esclaves issue de l'époque des grandes plantations coloniales de canne à sucre, la *santería* n'a jamais disparu à travers les âges, malgré l'opposition de l'Église catholique qui y a vu une concurrente. Toléré par le régime et originaire de l'actuel Nigeria, ce culte afro-cubain associe les saints catholiques à des divinités africaines, les Orishas. Les croyants pratiquent le culte des ancêtres. La *santería* a ses propres divinités, comme Chango, le dieu de la guerre et du feu, ou encore Obatala, le dieu créateur. Elle a ses prêtres, les *babalaos*. Les nouveaux initiés doivent être tout de blanc vêtus pendant une année. La *santería* n'a pas d'églises. Les cérémonies se déroulent dans les maisons d'un prêtre et conseiller, aussi appelé *padrino*. Contrairement à d'autres cultes, la *santería*, religion pacifique, n'a pas d'ambitions politiques. Les croyants vont voir régulièrement leur *padrino*, qui intervient pour des conseils et des guérisons.

2

La vie au quotidien

Brève histoire de la langue cubaine

«Ils ont tout emmené, mais ils nous ont laissé les mots», a écrit le grand poète chilien Pablo Neruda à propos des Espagnols. Cette belle phrase doit être nuancée à Cuba. Si la Perle des Caraïbes a été le premier pays d'Amérique colonisé par la couronne d'Espagne et l'un des derniers à devenir indépendant, la langue y est différente du castillan. À l'image de la société cubaine, le parler de la grande île est métissé. Les habitants ont intégré des langues autochtones comme l'arawak, la première langue parlée à Cuba par les indigènes. Le cubain comporte aussi d'autres spécificités linguistiques, dues à l'influence d'immigrants haïtiens au XIXe siècle, mais aussi au brassage avec les esclaves venus d'Afrique jusqu'au XIXe siècle. Du début de la Révolution jusqu'aux années 1990, la langue russe a influencé les Cubains, principalement pour ce qui est des prénoms. Les Vladimir, Yirina, Ekaterina sont légion dans l'île tropicale. Comme l'île n'échappe pas à l'américanisation des langues, le cubain a aussi ses anglicismes. Ils sont truculents (voir l'encadré à la page suivante).

elques « cubanismes »

Acere : mon pote

Carné : la carte d'identité (que tout Cubain doit porter en permanence)

Comemierda : dire des bêtises

Compay : ami

Culua : qui a de grosses fesses

Dios mio : mon Dieu

Frío : réfrigérateur

Guajiro : paysan

Máquina ou almendrone : voiture américaine des années 1950

Mango : une beauté

Mi vida : mon amour

Papi : l'homme (lorsqu'on s'adresse à un homme)

Papaya : papaye et organe sexuel féminin

Palestino : pour les Havanais, gens de l'Oriente

Pinga : organe sexuel masculin

Socio : copain

Les différences linguistiques

La langue cubaine, comme toutes les langues, a évolué au fil des siècles; elle demeure toutefois plus proche de l'espagnol parlé en Amérique latine que de celui d'Espagne. La plus grande île des Antilles a développé ses « cubanismes » dans un argot et un langage populaire très colorés. Les Cubains utilisent facilement le tutoiement, et le débit linguistique dans l'île est passablement plus rapide que partout ailleurs sur la planète hispanique. Les Latino-Américains disent parfois à ce propos qu'ils ont du mal à comprendre les Cubains. Parmi les grandes différences avec le castillan, les Cubains ne prononcent pas toutes les terminaisons. Le *s* à la fin d'un mot ne sera pas toujours prononcé. Certaines consonnes sont parfois remplacées par une autre. Ainsi, un *r* sera parfois prononcé *l*. Le *beso* (le baiser, prononcer « béso ») devient parfois « betcho ». Les Cubains prononcent moins fortement la *jota* (le *j* aspiré) et font peu de cas de la *zeta* (z devant *a*, *o*, *u* et *c* devant *e*, *i*). Ils prennent plus de liberté avec la grammaire que les Espagnols. La langue cubaine est mélodieuse, presque chantante. Elle est très imagée et elle porte beaucoup sur les caractéristiques physiques. Les Cubains s'interpellent dans la rue par des « Beauté (Bonita ou Linda), mon amour (Mi Amor), grosse (Gorda) ou maigrichonne (Flaca) » sans que cela ne choque personne. Le cubain diffère en cela beaucoup du castillan.

Quelques anglicismes à Cuba

Boqui-Toqui : walkie-talkie

La Shoppy : Shopping. C'est une épicerie d'État où tout se paie en CUC.

La Yipi : Jeep

L'argent

Parler d'argent à Cuba n'est pas chose simple, parce que le système monétaire cubain lui-même n'est pas simple. Deux monnaies coexistent officiellement. L'une est faible. C'est le *peso cubano* (CUP). L'autre est forte. C'est le *peso convertible* (CUC). Selon son statut, étranger ou Cubain, une personne aura accès à l'une des deux monnaies, même si officiellement tout le monde a droit aux deux. Lors du sixième congrès du Parti communiste cubain, en avril 2011, le gouvernement a évoqué le retour à une seule monnaie, sans échéancier bien précis. Puis, en octobre 2013, Raúl Castro a annoncé l'unification monétaire d'ici 18 mois. À l'été 2016, rien n'avait changé.

Le *peso cubano*

Le *peso cubano* (CUP), également appelé *moneda nacional* (MN), donne accès à des restaurants aux menus bien dégarnis et à des boutiques aux étals souvent vides des *bodegas* (magasins payables en CUP). Avec le *peso cubano*, rien n'est possible, même si depuis 2015 on peut payer en CUP dans de nombreuses boutiques autrefois réservées aux CUC. «*Dinero de mierda*» (monnaie de merde), disent fréquemment les Cubains à propos du CUP. La très grande majorité des Cubains, payés en CUP, n'ont pas de CUC. Ils ne peuvent donc s'offrir ce qui n'est pourtant que des produits de base en Occident. La plupart des touristes ignorent le *peso cubano*, avec lequel ils ne peuvent rien acheter, ou presque (le CUP est utile pour payer les transports en commun, acheter le journal, par exemple). Dans les grandes villes, des changeurs à la sauvette proposent des taux de change mirobolants aux touristes et leur donnent des CUP au lieu des CUC contre leurs devises. Les faux billets ne sont pas rares. La vigilance est donc de mise. Les billets en CUP sont toujours vieux et imprimés sur du papier très fin. Un billet d'un CUP comporte la mention «*peso*», alors sur celui en CUC est écrit «*peso convertible*».

Le *peso convertible*

Le taux du *peso convertible* est indexé sur le cours du dollar américain. Ce *peso convertible* vaut 24 *pesos cubanos*, un taux qui varie peu. Créé au départ pour les touristes, le CUC est le moyen de paiement unique dans les hôtels tout-compris ou les restos touristiques et les magasins de marchandises étrangères. Avec le *peso convertible*, que les Cubains appellent d'ailleurs «dollar» ou *divisa* (devise), tout est possible. S'ils ont le droit de détenir des CUC, dans les faits, les habitants de l'île n'en voient que peu la couleur. L'immense majorité des travailleurs est payée en *pesos cubanos*. Pour se procurer des CUC, ils doivent passer de longues heures à faire la queue devant la banque où un employé d'État changera leurs *pesos cubanos* en *pesos convertibles*... moyennant une commission d'un ou deux CUP par *peso convertible*.

Le dollar

Les Cubains n'ont, pendant longtemps, pas eu le droit de disposer de dollars. Le dollar, symbole du capitalisme débridé, n'avait pas la cote dans l'île pendant la guerre froide. En 1993, le gouvernement a autorisé la libre circulation du billet vert. Des millions de dollars que les Cubains recevaient de leurs cousins de Miami, ou qu'ils possédaient depuis des années, sont alors sortis des matelas. Cela a été pour les autorités un moyen de s'approprier une bonne partie de cet argent, puisque l'État cubain contrôlait alors encore plus qu'aujourd'hui tous les rouages du commerce. Comme les années 1990 furent celles de la pire crise économique qu'ait connue l'île, la *período especial* ou période spéciale (voir p. 18), La Havane fit le plein de la précieuse devise.

En 2004, prétextant un différend avec les États-Unis, les autorités ont de nouveau bloqué la circulation du dollar. Si le billet vert n'est pas interdit, il est désormais lourdement taxé lors des opérations de change (taxe de 11,3%). Il ne peut plus être utilisé comme monnaie d'échange directement dans les commerces comme ce fut le cas pendant 10 ans. Le *peso convertible* a remplacé complètement le billet vert. Au début de 2016, le gouvernement a annoncé la suppression progressive de la taxe sur le dollar, sans donner d'échéancier. Si, aujourd'hui, les voyageurs utilisent principalement l'euro et le dollar canadien, la *vitamina verde* (le billet vert) est toujours très présent dans l'esprit des Cubains pour ce qu'il représente: la liberté, la puissance d'achat et le lien avec les cousins restés aux États-Unis.

Le système de santé

Les systèmes de santé et d'éducation sont les deux vitrines du régime. La renommée de la médecine cubaine s'étend bien au-delà de Cuba. La qualité des soins est, en dehors de toute considération partisane, excellente. La médecine cubaine est un modèle pour tous les pays sous-développés et pour certains pays occidentaux dont le système de santé ne fonctionne pas ou plus. Dans chaque

Une sortie chez le dentiste

«Camarade, à Cuba, les soins sont gratuits. Il est hors de question que tu paies», lance Myrtha, dentiste dans une clinique d'une bourgade proche de La Havane. Le centre de santé est une polyclinique, avec une branche consacrée aux soins dentaires. Le rendez-vous se prend le matin pour l'après-midi. L'attente dure ensuite moins de 20 minutes. La consultation peut être déroutante. Tout se déroule et est fait pour un climat tropical. La clinique est une petite maison de plain-pied avec un jardin de palmiers. La salle d'attente est à l'extérieur. Les malades patientent sur de petits bancs en bois à l'ombre. Dès l'entrée, une réceptionniste puis face, aux piles de dossiers jaunis de la secrétaire, une grande salle de stérilisation accueille trois jolies filles en blouses blanches et minijupes qui désinfectent les instruments. Sur la droite, c'est la salle des arracheurs de dents, avec huit sièges en parallèle. Il fait chaud. Les dentistes parlent de leurs enfants. Les voisins entrent de temps à autre pour apporter des nouvelles sur la vie quotidienne du village. Tout le monde rit pour un oui ou pour un non. Myrtha a environ 60 ans, des petits yeux bleus perçants. Elle prend une trentaine de minutes pour faire un nettoyage des dents. Si le système est très différent de l'Occident, les conditions d'hygiène et de pratique y sont similaires. Myrtha refuse toujours un dédommagement, puis elle finit, radieuse, par accepter un billet de 10CUC pour les bonnes œuvres des dentistes…

quartier, les habitants ont accès à un médecin de famille. La grande force du système repose sur un nombre considérable de médecins. L'accès aux soins est rapide et l'accès aux médicaments est gratuit, même si dans les faits, les pharmacies sont souvent dégarnies. Le ministère de la Santé (MINSAP: Ministerio de Salud Pública) est garant du bon fonctionnement des institutions sanitaires à l'échelle nationale. Il est décentralisé à l'échelle provinciale et municipale. Les récentes réformes économiques ont toutefois affecté les hôpitaux qui manquent de plus en plus cruellement d'équipements.

De bons résultats

Dès 1959, les frères Castro ont fait de la santé l'une de leurs priorités. En 1986, dans un livre d'anthologie, *Entretiens sur la religion avec Frei Betto*, un prêtre brésilien, Fidel Castro revient sur le défi de reconstituer un corps médical après la Révolution: «Sur les 6 000 médecins que comptait le pays, 3 000 sont partis.» La mortalité infantile atteignait un taux de 35 pour 1 000 en 1965. Selon l'Organisation mondiale de la santé (OMS), cette dernière n'est plus que de 3,9 pour 1 000 (en 2015). Ce taux est équivalent à celui de bien des pays occidentaux. Si la Belgique et la Suisse obtiennent aussi des taux de mortalité infantile de 3 pour 1 000, celui-ci est de 4 pour 1 000 en France et au Canada. Toujours selon l'OMS et pour l'année 2014, l'espérance de vie cubaine a atteint 81 ans chez les femmes et 77 ans chez les hommes. Dès les premières années de la Révolution, des campagnes massives de vaccination ont permis d'éradiquer la poliomyélite et de nombreux fléaux endémiques qui sévissaient dans l'île. Cuba est l'un des rares pays de la région à ne plus être touché par le paludisme. Aujourd'hui encore, les écoliers sont systématiquement vaccinés contre une douzaine de maladies. Seule la dengue, véhiculée par les piqûres de certains moustiques, demeure un fléau que le gouvernement combat régulièrement avec force fumigations dans tous les lieux publics. En 2012, quelques foyers de choléra ont fait leur apparition dans des quartiers déshérités de Camagüey ou dans la région de Granma, ainsi que des cas de Zika importés. Selon des médecins cubains infectiologues, le nombre de séropositifs et malades du sida serait en revanche plus important que ne le laissent croire les statistiques officielles, notamment à cause d'une pénurie récurrente de préservatifs.

Les carences du système

Le système n'est toutefois pas exempt de défauts. Dans les années 1990, la disparition des subventions du grand frère soviétique a fait des ravages dans tous les secteurs et notamment celui de la santé. Alors que La Havane a misé sur le développement industriel du secteur pharmaceutique, les Cubains se plaignent paradoxalement de la pénurie de médicaments et de la mauvaise qualité de ces derniers. Les étals des pharmacies sont aussi déserts que ceux des magasins d'alimentation. Un manque que les autorités compensent par le recours aux médecines vertes. Le système peine également à prendre en charge les conséquences de la malnutrition. Selon l'UNICEF, «la carence en fer est élevée chez les femmes enceintes et les enfants de moins de deux ans. Dans les provinces de l'Est, environ un tiers des enfants de moins de deux ans souffrent d'anémie».

Le MINSAP a entrepris, avec plus ou moins de succès, plusieurs réformes pour faire la promotion de la santé dans le pays et améliorer les soins dans les hôpitaux. En 1995, une grande réforme a mis l'emphase sur l'amélioration des soins dentaires, ophtalmologiques et sur le traitement des urgences. Le ministère a mis en place un plan pour lutter contre les inégalités entre les régions. Les Cubains des campagnes expliquent d'ailleurs assez fréquemment que, si les soins sont parfaits dans les grandes villes ou dans les lieux où les touristes sont très présents, il n'en va pas de même dans les régions rurales. Enfin, les réformes économiques capitalistes de Raúl Castro ont, ces dernières années, fait beaucoup de mal au système de santé. Ce service public a fait l'objet de nombreux licenciements. Des maternités ont été fermées, ainsi que de nombreux départements d'hôpitaux. Parallèlement, les équipements sont de plus en plus obsolètes.

La gratuité

Le système de santé est gratuit. Ce principe a été dès les débuts de la Révolution l'un des fondements du régime. L'article 50 de la Constitution cubaine pose pour règle que tous les citoyens ont droit aux mesures de prévention et de protection de leur santé. La Constitution promet de faire respecter ce droit :

- avec l'assistance médicale et hospitalière gratuite au moyen du réseau de services médicaux ruraux, des polycliniques, hôpitaux, centres prophylactiques et de traitement spécialisé;
- avec le développement des plans d'éducation sanitaire et de vulgarisation, d'examens médicaux périodiques et de vaccinations générales.

L'industrie cubaine du préservatif capote

L'homme nouveau d'Ernesto Che Guevara est en danger. Pour une fois, l'ennemi n'est pas l'Amérique ou l'Occident impérialiste. La menace vient de l'intérieur. Santa Clara n'a non seulement plus suffisamment de préservatifs pour ses habitants, mais les lots d'une des trois marques nationales, *Momentos*, sont mis en vente alors qu'ils sont expirés. Les autres marques de condoms, *Vigor* et *Love*, ne suffisent pas à répondre aux besoins sexuels des Cubains. L'affaire est si grave que le journal local, la *Vanguardia*, a dénoncé vertement en début de mois le coupable, l'entreprise gouvernementale ENSUME, chargée de la distribution de ces capotes fabriquées par des camarades de Chine. La province de Villa Clara est sous le choc et oscille entre l'abstinence et l'amour sans filet. ENSUME disposerait pourtant de plus d'un million de capotes en stock, mais qu'il faut ré-étiqueter. Les bons travailleurs socialistes, payés en moyenne 15 dollars par mois, n'y parviennent malheureusement plus. Selon les autorités, les ouvriers doivent étiqueter 5 000 paquets de trois préservatifs par jour pour répondre aux envies de la population de la province de Villa Clara. Ils ne parviennent plus à sortir des chaînes de montage que 1 440 paquets quotidiennement. Toutes statistiques inférieures aux besoins d'une population provinciale de près de 900 000 habitants. Les campagnes de lutte contre le sida sont bien rodées, efficaces et la population y est sensibilisée. « Lorsque l'on détecte un patient séropositif, on lui demande avec qui il a eu des relations sexuelles. Il n'a pas le choix de nous le dire. C'est le principe de la chaîne », confiait il y a peu un médecin responsable d'une unité de maladies infectieuses. Chez les rouges, l'amour n'est décidément pas rose.

Paru initialement dans *Le Soir*

Vive le tourisme médical

Pierre, la jeune soixantaine, a été victime d'un accident vasculaire cérébral (AVC). Il a conservé une légère claudication et un bras paralysé. Le sexagénaire, qui parle parfaitement l'espagnol, est soigné dans un centre de santé près de La Havane. « Je suis là pour trois semaines. Comme ce n'est pas une clinique internationale, les soins y sont gratuits. J'ai droit chaque jour à des séances de rééducation pour récupérer une partie de ma mobilité. » Pierre, fin connaisseur de Cuba, a déjà vu des résultats probants pour ce qui est de la rééducation des victimes d'AVC. « Le matin, quatre médecins et infirmières s'occupent exclusivement de moi. Je fais beaucoup d'exercices physiques. L'objectif est d'améliorer la mobilité de mon côté gauche en trois semaines. Il n'y a pas autant de personnel dans mon Québec natal et de surcroît, ici le matériel ne manque pas. » Moins chanceux, Georges, cardiaque, a fait un infarctus à Cuba. Son assureur ne le couvrait déjà plus. « J'ai cru que je paierais une fortune. J'ai été aux soins intensifs dans une clinique internationale et très bien suivi pendant 10 jours. La facture ne s'est élevée qu'à 2 000 dollars. » Cuba regorge de ces histoires de retraités, de jeunes et de moins jeunes qui ont adopté la médecine cubaine.

Toutefois, pour parvenir à ces résultats, les Cubains doivent mettre la main à la pâte, que cela leur plaise ou non. Comme c'est le cas dans à peu près tous les secteurs, les travailleurs sont régulièrement mobilisés pour travailler bénévolement au bien-être du système de santé, au travers des organisations de masse et sociales. Si les centres de santé sont gratuits pour les Cubains, la tendance est de plus en plus au *regalito* (un petit cadeau) pour être bien soigné ou soigné plus rapidement. Les étrangers, eux, le plus souvent, sont soignés dans les grandes cliniques internationales qui, elles, sont payantes. Le coût demeure toutefois bien moins élevé qu'en Occident.

La médecine cubaine à l'étranger

En 2009, le quotidien officiel du Parti communiste cubain, *Granma*, a annoncé en grande pompe que Cuba venait de former son 100 000e médecin depuis les débuts de la Révolution. À défaut de pouvoir exporter des matières premières, l'île exporte son savoir-faire médical dans de nombreux pays de la planète.

L'envoi de personnels de santé à l'étranger est devenu l'une des principales composantes de l'économie cubaine. Les habitants de l'île s'en plaignent parfois, affirmant même que les meilleurs de leurs spécialistes partent à l'étranger. Les nations de la gauche latino-américaine accueillent de très nombreux médecins cubains au titre de la coopération. Aux premiers rangs de ces pays le Venezuela, mais aussi la Bolivie, le Brésil et depuis quelques années l'Équateur. De nombreux praticiens cubains sont également en mission à Haïti. En Afrique du Sud, les docteurs cubains ont, après l'apartheid, remplacé dans les campagnes sud-africaines les médecins blancs partis à l'étranger. Cuba est devenue le fer de lance de la formation médicale pour l'Amérique latine et l'Afrique. L'École latino-américaine de médecine de La Havane accueille des milliers d'étudiants étrangers d'une vingtaine de pays. Régulièrement, le régime rappelle que certains étudiants sont des Américains pauvres qui ne parviennent pas à payer leurs études aux États-Unis !

Le tourisme médical

L'excellence de la médecine cubaine a transformé Cuba en un haut lieu du tourisme médical. Des milliers de vacanciers profitent de leur séjour dans l'île pour obtenir, à très bas prix, des soins médicaux qu'ils ne peuvent avoir dans leur propre pays. Des sociétés canadiennes et européennes se sont spécialisées dans l'organisation du « tout-inclus » médical. Les voyageurs sont logés dans un hôtel tout-compris. Ils sont pris en charge et orientés vers des cliniques spécialisées en fonction de leurs besoins. À La Havane, la clinique Cira García est la plus connue. Certains vacanciers profitent également de leur voyage pour s'offrir des soins dentaires ou s'acheter des lunettes à des prix dérisoires au regard de ceux de l'Occident. Tant le régime que des agences de tourisme médical étrangères encouragent les vacanciers à se rendre dans des cliniques internationales payantes. Ces entreprises de tourisme médical profitent notamment du fait que les étrangers ne parlent pas l'espagnol le plus souvent et leur proposent un service dans leur langue.

Le système d'éducation

Dès ses débuts, le régime castriste a fortement investi dans le domaine de l'éducation. En 1953, 31% des enfants âgés de plus de six ans ne fréquentaient pas l'école. En 1959, un million de Cubains étaient analphabètes. L'année 1961 a été déclarée « année de l'alphabétisation », et cela s'est fait avec des méthodes dignes des commandos. Des brigades de maîtres alphabétiseurs ont été formées dans toute l'île. Le taux d'analphabétisme a chuté à 4% à la fin de l'année 1961. Aujourd'hui, tous (ou presque) les enfants sont scolarisés, de l'âge de 4 à 16 ans. Comme la santé, l'éducation est un principe écrit dans la Constitution cubaine.

L'éducation, politique à tous les niveaux

L'éducation est toutefois un sujet éminemment politique. Les opposants au castrisme contestent la description que les révolutionnaires ont faite de la situation de l'éducation à l'époque du précédent dictateur, Fulgencio Bastista. Si, selon les chantres de la Révolution, l'apartheid scolaire était alors très présent, le témoignage de certains voyageurs au milieu du siècle dernier laisse songeur. En visite à La Havane dans les années 1930, l'écrivain Jean-Louis Vaudoyer a écrit: « Tout se passe à La Havane, fenêtres et portes décloses... Devant les pupitres était assis un peuple enfantin. L'instruction est donnée en commun aux petites blanches et aux petites négresses. » Plusieurs témoignages de ce type montrent que l'apartheid entre Blancs et Noirs n'était peut-être pas aussi évident que veut le faire croire le régime aujourd'hui. En revanche, l'analphabétisme était bien présent.

Les carences de l'éducation

L'éducation à Cuba reste très politisée. Le gouvernement ne s'en cache pas. Il a inscrit la politisation de l'éducation au menu de l'article 32 de la Constitution. En vertu de celui-ci, il s'agit de « promouvoir l'éducation patriotique et la formation communiste des nouvelles générations et la préparation des enfants, adolescents et adultes à la vie sociale». Le système est rodé. Les bienfaits du communisme sont vantés dans «l'éducation générale et les spécialités de caractère scientifique, technique ou artistique avec le travail, la recherche pour le développement, l'éducation physique, le sport et la participation aux activités politiques, sociales et de préparation militaire». Le système éducatif cubain a aussi ses carences. Le régime n'encourage pas l'esprit d'analyse et de critique. Certaines matières, comme la géographie et les langues, même si elles sont enseignées, sont très encadrées. Les Cubains peinent à situer un pays sur une carte, sûrement parce que les autorités ont pendant longtemps interdit les voyages hors de l'île sans autorisation et ne souhaitent pas que leurs compatriotes soient trop informés sur le monde extérieur. Il en va de même pour l'histoire, très imprégnée des théories de la Révolution. Les Cubains et Cubaines qui maîtrisent une langue étrangère l'ont apprise généralement sur l'oreiller avec un étranger, le plus souvent avec un touriste sexuel italien. L'italien est ainsi la langue étrangère la plus parlée par les *jineteras*. C'est souvent d'ailleurs un excellent moyen de savoir à qui l'on a à faire.

Les indicateurs de l'éducation pour 2014

Taux de scolarisation au primaire: 98%

Taux de scolarisation au secondaire (2013): 75%

Taux d'alphabétisation des adultes (2008-2012): 99,8%

Sources: UNICEF, Banque mondiale.

Les différents stades de la scolarité

L'éducation est l'un des fondements les plus visibles du régime cubain. Dans toutes les villes et les villages du pays, des cohortes d'écoliers en shorts et en jupettes rouges, pour les plus jeunes, ou jaune safran et chemisettes blanches, pour les plus âgés, battent le pavé. Tous portent des uniformes rapiécés, mais toujours impeccablement repassés. Passé la maternelle, les enfants vont à l'école primaire dès l'âge de six ans. Selon l'Oficina Nacional de Estadísticas (Office national des statistiques), il existait, en 2014 , 6 830 écoles primaires dans le pays pour 691 000 enfants, dont 4 700 dans les campagnes. Depuis quelques années, le nombre d'écoles a fortement diminué. Le phénomène est dû probablement aux coupes claires dans les services publics, mais aussi à la dénatalité. Le gouvernement cubain a toutefois beaucoup insisté sur le développement le plus large possible de cet enseignement. Les écoles primaires ont toutes la phrase suivante écrite dans leurs locaux: *Ser culto es el único modo de ser libro* (Être instruit est le seul moyen d'être libre). Après l'école primaire, dès l'âge de 12 ans, les petits Cubains suivent un enseignement de trois années (Secundaria Básica), suivi d'une autre formation de trois années (Pre-universitario). Deux mois par an, ils doivent participer à l'Escuela del Campo (école des champs), un ensemble de travaux agricoles (cela est très symbolique, car toute leur vie durant, les Cubains participent à des travaux obligatoires). Par la suite, l'admission aux études universitaires est régie par un examen. L'université dure cinq années. Ceux qui échouent à l'examen d'entrée sont envoyés vers des formations techniques courtes (deux ou trois ans). On y trouve des écoles d'informatique ou d'hôtellerie. Certaines sont payantes, même si l'éducation est théoriquement gratuite. En clair, pour y rentrer, mieux vaut que les parents paient un petit quelque chose. Lorsqu'ils ont terminé leurs études, les étudiants participent à un service social pendant deux ans. Ce travail obligatoire est une sorte de remboursement de la dette à l'égard de l'État pour des études gratuites.

L'enseignement supérieur et l'organisation des universités

La plus vieille université du pays, l'Université de La Havane, fondée en 1728, est aussi celle que les touristes voient le plus fréquemment. Il existe 14 autres universités dans le pays et 22 facultés de médecine.

L'enseignement supérieur est organisé autour de plusieurs ministères, qu'il s'agisse du ministère de l'Éducation (MINED), de l'Enseignement supérieur (MES), de la Culture (MINCULT) ou de la Santé (MINSAP). Les deux premiers ont sous leur coupe les instituts supérieurs de pédagogie, des universités et des écoles d'ingénieurs, alors que le ministère de la Culture gère les écoles d'art. Le MINSAP a la main haute sur les facultés de médecine. Une minorité des étudiants sont inscrits à temps plein. Le plus grand nombre sont des travailleurs venus étudier dans le cadre de la formation continue. Ce qui montre l'importance que le gouvernement cubain accorde à l'éducation, et cela, quel que soit l'âge des travailleurs.

Bilan globalement positif

L'enseignement supérieur cubain est très décentralisé. Les travailleurs adultes ont accès à des Secundarias Obrero Campesinas (écoles secondaires de campagne) et à près de 200 Facultades Obrero Campesinas (facultés ouvrières de campagne). En revanche, les étudiants ne peuvent participer à des échanges internationaux, à moins d'avoir terminé un doctorat.

Les professeurs, souvent désabusés, mènent une vie à la fois dédiée aux tâches pédagogiques, mais aussi militantes puisqu'ils doivent assister à des assemblées politiques où l'on évoque l'importance de poursuivre le travail de la Révolution.

Avec l'effondrement de l'Union soviétique, le corps enseignant a perdu une grande partie de ses possibilités d'intervenir dans des échanges internationaux et des congrès. Pendant plusieurs décennies, les Cubains sont allés se former à Moscou, Prague ou Varsovie, où ils bénéficiaient des connaissances universitaires et scientifiques du grand frère soviétique. Pour compenser la perte des échanges avec l'URSS et les pays de l'Est, La Havane a multiplié les partenariats avec des universités européennes et latino-américaines. Les universitaires, notamment les chercheurs, se plaignent des faibles possibilités d'accès à Internet qui rendent difficiles la mise à jour de leurs connaissances.

Les transports

Les transports sont l'un des maillons les plus faibles du système cubain. Les Cubains se plaignent en permanence de devoir attendre des heures durant leurs transports en commun. Autobus, trains et automobiles manquent presque toujours de pièces de rechange. Les Cubains s'entraident. Les jolies filles font de l'autostop, le plus souvent en échange de quelques caresses. Les hommes marchent. L'incroyable débrouillardise des habitants de l'île permet de pallier ce désastre, mais en partie seulement. Cuba se déplace au ralenti, même si à La Havane, le transport en commun s'est beaucoup amélioré depuis les années 2014-2015, grâce à l'augmentation du nombre de bus chinois et de taxis collectifs.

Le bus (la *guagua*)

À Cuba, le bus porte un étrange sobriquet, la *guagua*. Le terme se prononce «wawa». Pour la majorité des Cubains, trouver une *guagua* pour se rendre au travail ou à la maison est une obsession de tous les instants. Les autobus sont bondés. Ils sont vieux. Ils sont délabrés. Ils tombent en panne. Ils ne passent pas très fréquemment. Si les passagers demandent presque toujours qui est «El Último» (le dernier) de la file, il faut jouer des coudes pour parvenir à décrocher une place dans ces dinosaures où le prix du passage est de 0,40 CUP, ce qui donne une idée de la réalité cubaine. Le parc de *guaguas* est pour le moins insolite, puisque des autobus scolaires québécois croisent des bus néerlandais ou des autobus parisiens de la RATP, mais aussi des assemblages plus improbables comme ces cabines posées à l'arrière d'un camion. Ce sont les rebuts des autres pays. Ils sont énormes, mais ils ne sont jamais assez grands pour

Cuba à huis clos

Tous les deux jours, le Tren Frances Especial quitte la gare de La Havane pour Santiago de Cuba.

Il est 18h dans le vaste bâtiment des chemins de fer cubains. La salle des pas perdus est bondée. L'express de Santiago est prévu pour 19h. La rumeur d'un report du départ pour 21h se fait pourtant de plus en plus insistante. «Si on ne trouve pas de motrice, le départ sera pour demain», déplore un policier accompagné de sa fiancée. À 22h, soit trois heures après l'heure officielle du départ, les passagers s'engouffrent sur le quai. Le chef de wagon dirige les voyageurs vers leurs places. Les sièges, en skaï noir, sont confortables, mais défoncés pour la plupart. Le Tren Frances est l'ancien Trans-Europ-Express, la ligne Paris-Bruxelles-Amsterdam. En 2001, la SNCF a cédé ses 12 wagons des années 1960 à la robe inox. La locomotive, elle, est chinoise. Une femme âgée conte à un jeune couple que le capitalisme et le socialisme «ce n'est tout de même pas pareil…».

Il est 22h45. Un choc violent arrache les wagons du quai numéro 2. La locomotive peine. Le train atteint 50 km/h. Il se met à tanguer dangereusement. Tout vibre. L'ancien Trans-Europ-Express va se disloquer. «Ce voyage en train est une promenade à cheval, encore que les soubresauts sont plus violents», grommelle Ramón, un grand moustachu qui épluche soigneusement les pages du *Granma*, le quotidien du Parti communiste cubain. Vers 2h du matin, le wagon numéro 12 s'endort. La climatisation glace les Cubains. 3h17. Le train s'arrête à Santa Clara. Yumi, belle Mulâtre au corps de liane, fait les cent pas sur le quai. À 8h, c'est Camagüey. Le wagon s'éveille. María Isabel, architecte retraitée, prend la place de Ramón. Elle regrette l'époque soviétique. Elle avait alors droit à deux paires de chaussures par an. À 14h30, le chef de wagon remercie les passagers pour leur patience. Le Tren Frances s'est arrêté en gare de Santiago, 15h45 et 850 km après avoir quitté La Havane.

Paru initialement dans *Le Figaro*

transporter les passagers. Bien entendu, comme Cuba a hérité d'un parc de transports en commun très hétéroclite, il est difficile de trouver des pièces lorsqu'une panne intervient. À La Havane, environ la moitié du parc de *guaguas* disponibles fonctionne. Depuis quelques années, l'île socialiste bénéficie du soutien économique du camarade chinois. Beijing a ainsi livré plusieurs milliers d'autobus Yutong neufs à l'île des Caraïbes. Les autobus de l'empire du Milieu servent cependant plus à des transports entre les villes de l'île qu'à des transports urbains. Les chauffeurs se plaignent de la mauvaise qualité chinoise et de sa faible durabilité. Ils regrettent amèrement le temps du matériel soviétique, increvable.

L'avion

Cuba est reliée par de nombreuses compagnies aériennes européennes, canadiennes et même, désormais, américaines. La compagnie nationale, Cubana de Aviación, effectue des vols intérieurs vers les 19 aéroports de l'île, mais aussi des vols internationaux. Les retards de Cubana, très fréquents, peuvent atteindre quelques heures, une journée, voire plus. Si l'embargo des États-unis contre Cuba empêche la Cubana de Aviación d'acheter certaines pièces d'équipements aéronautiques, la désorganisation de la compagnie, qui manque de surcroît de moyens, est aussi pour beaucoup dans ces retards. Outre la Cubana, deux compagnies secondaires, Aerogaviota et AeroCaribbean, assurent des vols intérieurs et internationaux (dans la région des Caraïbes).

Le train

Le train est apparu en 1837 à Cuba pour transporter la canne à sucre. La grande île a été le premier pays hispanophone à s'en doter. Aujourd'hui, il demeure un moyen de transport secondaire. Pour donner la mesure, en 2011, les chemins de fer ont transporté quelque 10 millions de passagers, contre 902 millions pour les autobus (bus des travailleurs et interurbains inclus). Avec les difficultés dues à l'embargo pour se procurer des pièces de rechange pour les locomotives, mais aussi à cause d'une gestion catastrophique, le train a perdu une grande partie de sa clientèle depuis quelques années. Si à l'instar des bus, les rames et les locomotives viennent de partout, la Chine et l'Iran sont depuis quelques années d'importants fournisseurs. Outre les lignes utilisées pour le transport des marchandises, un train de voyageurs traverse l'île d'est en ouest, de Santiago jusqu'à La Havane. Si ce train avance parfois à la vitesse d'un cheval au galop, c'est le plus souvent au trot. Un voyage en train à Cuba est une expérience en soi. D'une part, parce que le voyageur n'est jamais sûr de partir. Les horaires sont élastiques. D'autre part, le train est une plongée au cœur de Cuba, car il est très peu utilisé par les touristes.

L'automobile

Pour les Occidentaux, Cuba est par excellence le pays des vieilles voitures américaines. La Havane, Santiago ou Holguín roulent dans des automobiles que les collectionneurs occidentaux n'oseraient sortir de leurs garages qu'avec une extrême précaution. Qu'à cela ne tienne. Les Cubains se déplacent dans des bijoux des années 1950 qui crachent de la fumée, bringuebalent les passagers, mais avancent toujours. Les moteurs proviennent de Volga russes ou de Lada. Rares sont les américaines à rouler avec un moteur d'origine. Les habitants de la plus grande île des Caraïbes sont de formidables mécaniciens. À défaut de faire partie de l'élite des dirigeants communistes, ils doivent faire preuve d'une débrouillardise sans failles pour entretenir des voitures vétustes qui tombent fréquemment en panne. Et repartent toujours! À Cuba «tout s'ar-

Les Lada dansent toujours la *salsa*

Au début de l'année 2014, Raúl Castro, chantre d'un capitalisme rouge à la cubaine, a autorisé ses compatriotes à acheter des voitures neuves. Aux confins de l'immense stade de la Ciudad Deportiva et de Guanabacoa, quartier industrieux où se trament bien des coups tordus de La Havane, il existe une petite concession automobile Sasa Peugeot. Les berlines y sont rutilantes. «Des monstres merveilleux, à la technologie super-sophistiquée, équipés de capteurs terriblement modernes», assure Orlando, ancien policier d'élite tombé en disgrâce pour une méchante affaire de mœurs. «Ah les femmes! Elles, elles aiment les voitures», ajoute t-il, le sourire carnassier. Peut-être est-ce aussi le cas de Raúl Castro.

À l'aube de la nouvelle année 2014, les badauds se précipitent chez les concessions automobiles, gonflés d'espoir... pour très vite déchanter. Avec une précision toute policière, Orlando se souvient du prix affiché chez Sasa pour une Peugeot 4008 de l'année 2013: 239 250 dollars. Soit, à l'époque, plus de cinq fois le prix catalogue pratiqué en Europe! Dans ce menu digne du Grand Véfour, le chef Raúl Castro propose en entrée de gamme une 206, pour la bagatelle de 91 113 dollars. La faute aux taxes d'importation et au gouvernement communiste, dont le conglomérat CIMEX contrôle l'importation, la distribution et les prix des marques étrangères. «Je préfère garder ma Moskvitch qui avec un million de kilomètres roule toujours», confie Orlando. Faute de Guanikikis (dollars), la révolution automobile n'a pas eu lieu.

Paru initialement dans *Le Temps*

range» (*Todo se arregla*) dit-on toujours. Le parc automobile a longtemps daté d'avant la Révolution. Dans l'imaginaire des étrangers, seules les Chevrolet des années 1940 côtoient celles des années 1950. Au fil des ans, les belles américaines ont cédé la place à des modèles soviétiques, puis russes, moins glamour, mais nettement plus solides, qui ont pris une part de marché importante. Aujourd'hui, si les voitures russes et américaines âgées de plusieurs décennies sont encore majoritaires, les autos japonaises, coréennes ou françaises occupent depuis le début des années 2000 une place de plus en plus importante sur l'île. Les Chinois font aussi une percée. Depuis peu les Cubains ont le droit de vendre leur voiture et d'en acheter une, mais les prix sont prohibitifs (voir l'encadré). Quant à l'occasion, une vieille Lada qui a parcouru 600 000 km peut se revendre 5 000 dollars US.

Les taxis

Le parc des taxis cubains est très hétéroclite. Les taxis modernes, dont la flotte est composée de Peugeot, Citroën, Toyota ou Hyundai, sont les taxis d'État. Ils sont tous équipés de compteurs en état de fonctionnement, même si les chauffeurs prétendent parfois le contraire. Les compagnies de taxis s'appellent Taxi OK, Cuba Taxi ou Panataxi, et le prix est d'environ 0,6 CUC/km. Ces petites voitures toujours impeccables peuvent se déplacer sans grande restriction géographique (le chauffeur doit cependant solliciter une autorisation s'il doit changer de province lors d'une course). Les chauffeurs de taxi sont les yeux et les oreilles du régime, donc prudence! Les Lada blanches ou jaunes, surmontées de l'enseigne Taxi, ont un champ de déplacement limité, mais coûtent moins cher. Puis viennent les taxis collectifs (les *máquinas* ou *almendrones*), de grosses Chevrolet rafistolées des années 1950, qui moyennant 10 ou 20 CUP promènent les Cubains dans la capitale. Les étrangers peuvent désormais les emprunter. Aller de La Havane vers les plages de l'Est a un prix fixe, 25 CUP. Les *máquinas* chargent de un à 12 passagers, selon la demande! Ce petit monde ne serait pas complet sans les légions de taxis pirates. Des travailleurs, des retraités, heureux propriétaires, qui d'une Fiat Polski, qui d'une Moskvitch antédiluvienne, offrent aux Cubains, mais le plus souvent aux touristes, de les transporter moyennant espèces sonnantes et trébuchantes. Ces taxis pirates sont en effet souvent plus chers. Pire, le conducteur peut être arrêté par la police, et le passager n'est donc pas vraiment sûr d'arriver à bon port.

Les *bicitaxis*

Le *bicitaxi*, communément appelé Bici, est un cyclopousse qui fait office de taxi. Avec leurs petites banquettes en skaï surmontées d'un auvent qui protège des rayons du soleil, les Bicis transportent deux adultes. Pour 10 ou 20 CUP, le chauffeur, que les Cubains appellent plus souvent « Bici » plus que par son nom, pédale pendant une dizaine de minutes. Dans les côtes, il demande parfois à ses passagers de descendre, car ces cyclopousses fonctionnent sans dérailleur, avec une seule vitesse. Le *bicitaxi*, transport de proximité, a connu un regain de popularité depuis que Raúl Castro a libéralisé l'économie de l'île à partir de septembre 2010. Le Bici demeure un moyen de transport important dans les autres villes de l'île.

À bicyclette

Il faut oublier le plaisir de la petite reine, de la cuisse fuselée ou des gros mollets. À Cuba, la bicyclette n'est pas un luxe dominical qui se pratique en club. Lorsqu'ils ne marchent pas, les Cubains pédalent parce qu'ils ne peuvent pas être en voiture. Ils avalent les kilomètres sur des vélos qui ne sont pas toujours en bon état de

Des tacots très convoités

La *salsa* envahit l'habitacle. Le chauffeur, immense Mulâtre rondouillard, torture le démarreur. Vite, il faut partir avant que l'*almendrone* (vieille voiture américaine) ne change d'avis. Une horde de passagers s'engouffre dans la Chevrolet. Scène coutumière à La Havane, mais peut-être plus pour longtemps. Aux yeux du monde et des amoureux de beaux châssis, Cuba est un paradis de guimbardes américaines rafistolées. Avec un peu de chirurgie esthétique, les *almendrones* sont immortelles. Pour 10 *pesos cubanos* (0,4 euro ou 0,45 dollar), elles avalent les rues de la capitale. Quatre passagers à l'arrière, trois à l'avant. Et parfois plus! La révolution capitaliste de Raúl Castro pourrait bien sonner le glas de ces vieilles voitures. D'une part, parce que les Cubains rêvent d'une nouvelle révolution automobile après un demi-siècle d'embargo. La dernière voiture américaine est entrée sur l'île peu avant l'embargo de 1962. Elle repose aujourd'hui dans un petit musée automobile perdu près de Santiago, dans la bien nommée Vallée de la préhistoire. D'autre part, parce que Barack Obama autorisera très bientôt ses compatriotes à voyager à Cuba. Ces derniers, fascinés, achèteront pour une bouchée de pain les reliques.

Paru initialement dans *Le Télégramme*

fonctionnement. Les vieilles bicyclettes chinoises achetées à un voisin ou dans une boutique côtoient des modèles plus modernes que les touristes ont laissés. Acquérir un vélo neuf dans une boutique coûte environ une année de salaire. La gomme des pneus chinois se décompose souvent quelques heures ou quelques jours après l'expiration de la garantie d'une semaine! Les habitants de l'île, ingénieux, ont souvent équipé leurs deux-roues de petits sièges en bois sur lesquels ils installent un enfant. Les hommes portent leurs belles sur le cadre ou sur le porte-bagages arrière. La bicyclette peut ainsi transporter trois personnes et parfois plus.

À pied ou en calèche

À l'instar des habitants des pays pauvres, les Cubains se déplacent beaucoup à pied. Ils peuvent marcher des heures durant pour se rendre sur leur lieu de travail ou pour en revenir. Les routes sont parsemées de marcheurs, fréquemment arrêtés au bord de la chaussée en quête d'une automobile qui voudra bien les prendre en stop. Les femmes jouent beaucoup de leur charme pour être prises en stop. L'excès de marche est la complainte quotidienne des Cubains. Pour soulager le mal de pieds, dans les petites villes, des calèches traînées par des chevaux faméliques transportent jusqu'à une dizaine de personnes pour quelques *pesos cubanos*.

Les télécommunications

Difficulté d'usage, cherté et censure. Voilà les trois concepts qui peuvent résumer Cuba lorsque l'on évoque les télécommunications au sens large. Le régime a tout fait pour maintenir le pays dans un état de sous-développement téléphonique et Internet. L'objectif est que les Cubains ne communiquent pas trop entre eux, ou pire avec l'étranger. Pour y parvenir, les Castro ont rendu les communications avec l'extérieur très difficiles et très coûteuses.

Le *celular*, c'est la liberté

«Le *celular*, c'est la liberté», juge Dayana. La jeune femme va s'asseoir avec ses amis étudiants au restaurant Rapido. Sur le haut-parleur de son portable, Dayana lance un *reggaetón* endiablé, enregistré dans une discothèque. Les filles sirotent un jus de malt. Les garçons boivent de la bière Bucanero à la volée. Les cinq jeunes exhibent leurs téléphones portables. On se les passe de main en main. Ils sont l'objet de toutes les attentions, de toutes les convoitises. Roberto arbore un modèle antédiluvien, le seul dont la ligne dispose de quelques minutes de crédit. Dans cette misère des tropiques, si le mobile se veut lien avec le monde, le plus souvent les Cubains n'ont pas d'argent pour alimenter l'appareil. «J'ai eu mon téléphone via un cousin qui habite Miami. Pour les filles, avec les touristes étrangers, c'est plus facile», dit Roberto, l'air entendu. Sourires gênés des étudiantes.

Folie Wi-Fi à La Havane

À Cuba, l'homme nouveau est bien différent de celui dont rêvait Che Guevara. Tout a commencé en juillet 2015. Les techniciens d'Etecsa, l'entreprise de télécommunications nationale, ont réalisé une prouesse technique à l'échelle cubaine en dotant le pays de 35 espaces publics d'accès au Wi-Fi. En seulement quatre mois, la capitale s'est mise à vibrer au son des appels vidéos. C'est la révolution numérique. Le Wi-Fi n'est pourtant disponible que dans quelques parcs et grandes artères de la capitale. Les Havanais viennent s'y connecter pour deux dollars de l'heure après le travail. Telle cette jeunesse aux longs cheveux de jais. Assise dans un parc, elle hurle dans son *smartphone*: «Ce maudit téléphone ne vaut rien. C'est une crasse. Papi, achète-moi un iPhone.» Le fiancé appelé, un vieil Italien, fait la sourde oreille. «Quel manque de respect! Ce type est un millionnaire qui gagne au moins 1000 euros par mois», compatit une grosse Mulâtre qui, elle, demande un téléviseur «à écran plat» à son cousin de Miami. Pneus, pièces détachées de voiture, climatiseurs... À Cuba, le Wi-Fi a rapidement créé un vaste système de commandes en ligne destinées aux familles qui vivent en Floride, en Espagne ou en Italie. Voici donc le nouvel Amazon à la sauce rouge, un gigantesque bazar où, grâce à l'application vidéo IMO, les Cubains formulent les demandes les plus extravagantes à leurs proches.

Paru initialement dans *Le Figaro*

La révolution du téléphone portable

Les téléphones publics ne fonctionnent jamais ou très mal. Il faut être très patient pour obtenir la tonalité. De plus, à l'exception des privilégiés (nomenklatura), il est presque impossible d'obtenir une ligne de téléphone chez soi. Les Cubains partagent donc un seul téléphone pour parfois 30 maisons. Celui-ci est souvent installé dans ou près de la demeure du président du CDR (Comité de défense de la Révolution) ou d'un bon soldat du régime. Toute la soirée, les voisins défilent pour recevoir ou passer un coup de fil. Si en théorie rien n'empêche à un habitant de demander l'installation d'une ligne, c'est le président du CDR qui décide de son attribution. Celui-ci attribue parfois un deuxième ou un troisième téléphone dans son quartier à des amis. Il n'en reste pas moins que posséder le téléphone à la maison n'est pas le rêve des familles cubaines. Si les salaires mensuels dépassent rarement les 15 CUC, le souhait du moment de tout Cubain se nomme *el movil* ou *el celular*: le téléphone portable. Les Cubains se damnent pour leur cellulaire. Le *celular* est un signe extérieur de richesse, un statut social. Si ce n'est qu'en 2008 que Raúl Castro a autorisé ses compatriotes à posséder des cellulaires, de nombreux Cubains possédaient déjà illégalement des téléphones portables que leur avaient donnés ou vendus des touristes étrangers. Pendant des années, le prix d'un téléphone de base avoisinait les 150 CUC et le prix pour l'obtention d'un numéro, 130 CUC. Les prix de Cubacel, toujours prohibitifs pour la plupart des Cubains, ont fortement baissé. Aujourd'hui, il faut se procurer l'appareil (20 à 30 CUC), puis payer 40 CUC (avec 10 CUC de crédit inclus) pour obtenir un numéro, et enfin acheter une carte d'appel de 5 CUC. Chaque appel coûte environ 0,35 CUC par minute et les messages textes 0,09 CUC. Au début de l'année 2016, Cuba a dépassé les 2 millions de téléphones portables, pour 11,2 millions d'habitants. Les étrangers peuvent, moyennant 3 CUC par jour, louer une ligne cubaine dans les Etecsa ou demander à un ami cubain de leur acheter une ligne.

Internet, un peu mieux mais toujours l'âge de pierre

Raúl Castro craint plus que tout l'entrée du monde étranger dans la vie quotidienne de ses compatriotes. C'est pourquoi les connexions Internet sont très peu nombreuses et extrêmement lentes. Le Web est l'un des plus grands irritants pour les étrangers lorsqu'ils se rendent à Cuba. Jusqu'en juillet 2015, l'accès à l'internet Wi-Fi n'existait que dans les grands hôtels des grandes villes. Depuis, le gouvernement a fait un réel effort, mais le Wi-Fi demeure très contrôlé. Sans compter que le nombre de particuliers connectés à la maison au réseau des réseaux est quasi nul, puisqu'il est encore interdit de posséder Internet chez soi pour le plus grand nombre.

L'Internet, symbole de la censure

Si, en apparence, la navigation semble libre, dans les faits, lorsque l'on se connecte aux ordinateurs reliés à Internet, de nombreux sites et blogues sont inaccessibles depuis Cuba. C'est le cas des sites Web un tant soit peu critiques envers le régime. Tous les médias étrangers sont généralement accessibles, mais dès qu'ils évoquent Cuba sous un angle critique, il n'est plus possible de se connecter à leurs sites. Il se peut aussi que l'envoi d'un courriel prenne 30 ou 45 minutes, que la connexion coupe ou que le lieu où est hébergé l'ordinateur soit victime d'une mystérieuse panne de courant pendant 48 heures! Comme dans toute situation d'interdit, un contrepoids a vu le jour, avec l'apparition d'un internet underground, qui est aussi souvent sous la surveillance des autorités. Des réseaux de blogueurs racontent au jour le jour ce qu'est la situation des Cubains. Des cyber-rebelles défient le gouvernement en publiant des articles ou des vidéos hostiles au régime. Cette nouvelle forme de dissidence inquiète les autorités, qui la traquent activement.

La télévision de l'ennui

Les Cubains n'ont qu'un mot pour définir leur télévision: *aburrida* (ennuyeuse). Si la télévision cubaine existe depuis 1950, les chaînes, très politisées, alignent une

Internet, mission à haut risque

«L'adresse IP de votre ordinateur a été bloquée, parce que nous avons reçu des plaintes à propos d'un courriel venant de votre compte. Il est désormais indisponible.» En envoyant depuis Cienfuegos un texte sur l'élection de Raúl Castro en février 2008, l'envoyé du quotidien *Le Soir* de Bruxelles a reçu ce curieux message. Quelques années plus tard, une recherche bien innocente dans Google sur Fidel Castro provoqua la coupure de la connexion. Sur les ordinateurs publics, les autorités cubaines ont placé des espions de clavier (*keyloggers*). Ces logiciels enregistrent les touches frappées sur un clavier. En quelques minutes, la censure connaît le contenu d'un courriel, mais aussi le mot de passe de l'utilisateur. Les fonctionnaires des Etecsa (poste cubaine) demandent un passeport et ils notent le numéro de carte Internet délivrée. Dans tous les cas, l'Internet est surveillé.

Les antennes de la liberté

«À peu près tout le monde dans ce quartier dispose d'une antenne parabolique. C'est évidemment illégal», confie la Havanaise Yaimara. Elle clôt les persiennes de sa maison pour que les policiers et les agents des comités de défense de la Révolution n'entendent pas CNN. «Je paie 10 CUC chaque mois à un homme qui nous relie au satellite», explique Yaimara. À Cuba, la somme est considérable. La jeune femme, dont la fille est mariée à un Italien, habite l'un des beaux quartiers de La Havane. «Ce n'est pas tellement pour les nouvelles que j'aime les chaînes étrangères. C'est pour le grand choix de feuilletons d'amour mexicains et brésiliens à toute heure de la journée. Plutôt brésiliens d'ailleurs. Ils sont plus romantiques.»

Paru initialement dans *Le Soir*

production de mauvaise qualité qui ne brille pas par son originalité. La télévision est l'un des grands outils de propagande du régime. Dans la journée, les programmes sont consacrés au canal éducatif, la fin de journée aux journaux d'information du régime et la fin de soirée aux feuilletons. La Mesa Redonda (Table ronde), de 18h à 20h, et le journal de 20h avec l'inamovible Rafael Serrano sont une torture tous les soirs. L'utilisation que les Cubains font de leur petit écran n'est pourtant pas loin de celle qu'en font les Américains. La télévision fonctionne comme un robinet et reste allumée toute la journée.

Le canal éducatif et les *telenovelas*

Qu'ils le veuillent ou non, lorsqu'ils regardent le petit écran, les Cubains n'ont pendant des années pas eu d'autre choix que de s'éduquer. La télévision a long-temps diffusé à longueur de journée des émissions éducatives dont le niveau va des cours élémentaires à universitaires. Le téléspectateur y apprend les mathématiques, la physique et toutes les matières scolaires imaginables. Depuis le rétablissement des relations diplomatiques avec les États-Unis, les séries télévisées américaines sont de plus en plus présentes sur les chaînes cubaines.

Malgré l'absence relative de livres dans le pays, la population est éduquée et elle dispose d'une culture générale souvent supérieure à bien des nations occidentales. Les Cubains qui n'ont pas suivi des études supérieures ont beaucoup appris par le canal éducatif.

Les femmes cubaines sont, elles, particulièrement friandes des *telenovelas* que la télévision diffuse très tôt le matin, à 15h tapantes ou tard le soir. Ce sont souvent des feuilletons brésiliens ou mexicains. Les secrétaires maquillées et souriantes se promènent en talons hauts au bord des piscines. Les héros sont fortunés: des couples riches et heureux à la blanche dentition toujours impeccable. Malchance, leur bonheur est toujours troublé par l'arrivée dans leur couple d'apollons musclés ou de vénus callipyges auxquels ils ne peuvent résister. Leurs Ferrari sont embouties par des malfaisants. Les malheurs de ces pauvres riches font rêver les Cubaines.

Contourner la censure

La diffusion de l'information demeure très contrôlée dans l'île. Les journaux télévisés ne diffusent que des morceaux dûment choisis. Les programmes de télévision par satellite ne sont accessibles qu'à une petite partie de la population qui a les moyens de les visionner illégalement. Les autorités mènent une véritable chasse aux antennes paraboliques, grâce auxquelles les Cubains ne sont plus coupés du monde. Depuis quelques années, les Cubains s'informent chaque semaine grâce au Paquete, l'équivalent d'un Terra de données (films, nouvelles, documentaires) venues de Miami, pour 2 CUC.

Rationnement et *libreta*

La *libreta* (le carnet de rationnement) est née peu après la Révolution cubaine, à un moment où les Américains, en imposant un blocus, ont voulu provoquer des émeutes de la faim pour renverser le régime cubain. Ce petit livret recense les produits auxquels les Cubains ont droit chaque mois. Les produits sont subventionnés, et les habitants paient environ une vingtaine de *pesos cubanos* pour l'ensemble des biens distribués mensuellement dans les *bodegas*, des boutiques aux étals toujours plus vides. Toutefois, la *libreta* ne suffit pas à nourrir les Cubains.

La forte hausse du tourisme vide les assiettes des Cubains

«Il y a des œufs! Il y a des œufs à la *bodega* [marché-boutique]», lance à la volée Eugenia, une grosse Mulâtre aux leggins jaune fluo. La scène se passe à Cojimar, un petit port de l'est de La Havane, là où Ernest Hemingway partait à la pêche au marlin sur son yacht *El Pilar*. Eugenia court vers le marché. Elle est suivie d'une foule de voisines et ressort, satisfaite, avec deux cartons de 36 œufs. «Les œufs alimentent et coupent la faim. Pour 36 pesos [1,5 euro] le carton et avec le riz de la *libreta* [carnet de rationnement] et des haricots, j'ai à manger pour deux semaines avec mes deux enfants», explique Eugenia. La grogne se fait entendre à cause des pénuries alimentaires provoquées par une forte augmentation du tourisme. À l'Infotur, petit café portuaire de Cojimar, les hommes pestent contre la disparition de la Cristal, la bière nationale. «C'est la faute de Raúl. Dans ce pays, il n'y a pas de centrale d'achats pour les entrepreneurs privés. Ceux des *paladares* [les restaurants privés] viennent acheter toutes les bières qu'ils revendent trois fois plus cher aux touristes», râle un pêcheur. Poissons et viandes, déjà en quantité insuffisante, ont disparu pour aller vers les lieux touristiques. Plus les touristes mangent, plus les Cubains ont faim. «Lorsqu'un rabatteur envoie des touristes américains dans un *paladar*, il touche 10 dollars par Américain. C'est un mois de salaire dans une entreprise d'État», confie un diplomate occidental à La Havane.

Paru initialement dans *Le Figaro*

La *libreta*, le carnet de rationnement

Si officiellement tous les Cubains obtiennent la même quantité pour leur *libreta* (encore que les chiffres varient selon les sources officielles!), certains privilégiés (la police notamment) obtiennent plus que d'autres. La *libreta* permettrait à un Cubain de survivre pendant les 10 ou 15 premiers jours du mois. Riches et pauvres y ont droit. Selon les époques et les lieux, les quantités de ces carnets de rationnement ont été plus ou moins respectées. Plus on se déplace vers l'Oriente (l'est de l'île) et moins il y a à manger. Le président Raúl Castro a beaucoup critiqué la *libreta*. Lors du sixième Congrès du Parti communiste cubain en 2011, sa suppression a été évoquée. Il n'en reste pas moins que le minimal vital assuré par celle-ci devra être remplacé par autre chose pour éviter des émeutes de la faim.

Les quantités officielles de la *libreta* (mensuellement ces chiffres varient):

3kg de riz; 2,5kg de sucre; 500g de haricots; 230g d'huile; 12 œufs; une cuisse de poulet; 460g de spaghetti; 230g de *picadillo* (bœuf haché mélangé avec du soja); 115g de café; un petit pain par jour. Il faut ajouter à ces quantités un litre de lait par jour pour les enfants de moins de sept ans.

Une misère sans famine

Il faudrait être aveugle pour ne pas voir que la majorité des Cubains vivent dans une grande pauvreté. Dans les campagnes et dans les faubourgs des villes, les masures sont faites de bric et de broc, parfois avec quelques planches de bois. Sur un sol de terre battue, les occupants ont disposé qui une chaise, qui une table. L'accès à l'eau courante s'effectue le plus souvent par le branchement d'un tuyau d'arrosage chez un voisin. Dans certains quartiers de La Havane où les touristes ne vont jamais, les bidonvilles pullulent. Il y a des rats dans des maisons où le sol n'est que de terre battue. C'est d'ailleurs cette insalubrité dans certains quartiers qui a facilité la propagation de cas de choléra en 2012, notamment à Camagüey. Cette misère matérielle, terrible, est une pauvreté sans famine. Personne ne meurt de faim à Cuba, mais la quête de la nourriture est de tous les instants.

La malnutrition s'aggrave

La crise financière qui a touché la planète en 2008-2009 n'a pas épargné Cuba. L'île importe entre 70% et 80% de sa nourriture. Raúl Castro a redistribué des terres de l'État aux petits agriculteurs pour tenter de diminuer la dépendance alimentaire de La Havane envers l'étranger. Si au tournant des années 2012-2014, le quotidien s'était amélioré à La Havane, l'arrivée massive de touristes a provoqué une hausse des prix et une pénurie (voir l'encadré). Les étals des petits marchés sont un peu moins vides que d'ordinaire. Les carences nutritionnelles restent encore catastrophiques pour la population. Les statistiques officielles de l'antenne cubaine de l'Organisation mondiale de la santé (OMS) assuraient qu'en l'an 2000 moins de 4% des enfants souffraient de malnutrition.

Le règne de la débrouille

La nourriture au compte-gouttes et les maigres salaires ont transformé les habitants de l'île en bricoleurs de génie. Cuba est le pays du manque dans tous les aspects de la vie quotidienne. Les Cubains se débrouillent pour trouver à manger et augmenter leurs maigres revenus. Dans *Papa, Lezama et le petit Chinois*, l'écrivain Jean-François Fogiel, fin connaisseur de Cuba, résume la situation de manière impayable: «Il y a ici une tranquille catastrophe, un cataclysme, un moment où le cours des choses s'est arrêté, un instant précis où les normes ont changé et rendu une partie du monde inutilisable. Comment branche-t-on l'électroménager tchécoslovaque sur une prise femelle de la General Electric?»

Les *remesas* (transferts de fonds de l'étranger)

Pour survivre, les familles cubaines disposent des *remesas* de leurs cousins vivant à Miami. Les jolies filles, quant à elles, reçoivent de l'argent de leurs amants espagnols, italiens ou canadiens. «*Yo tengo un papi riki que me mantenga con Guanikikis*», disent les belles (J'ai un homme riche qui m'entretient avec des dollars). Les *remesas* sont, selon les sources, le premier ou le deuxième générateur de revenus à Cuba (avec le tourisme). Le million et demi d'exilés cubains aux États-Unis et les centaines de milliers d'autres partis vivre ailleurs dans le monde enverraient entre un milliard et un milliard et demi de dollars chaque année à leurs proches restés au pays.

Les mules, fourmis de l'économie cubaine

La quantité de produits qui arrivent quotidiennement par les vols canadiens dans les aéroports cubains est phénoménale. Les tapis roulants accueillent des objets aussi improbables que des écrans plats, des tables pliantes ou des cocottes-minute. Pourtant l'importation de biens à Cuba est très réglementée, et la législation a encore été renforcée en août 2012. Les douanes cubaines interdisent d'emporter au-delà de 30 kg de bagages, à moins de payer des droits de douane élevés. Dans les faits, les choses sont différentes, et les autorités cubaines ne vérifient pas toujours les valises, notamment lorsqu'il s'agit de touristes étrangers. Et même si les compagnies aériennes limitent le poids des bagages en classe économique à 20 ou 23 kg, plusieurs passagers choisissent de payer pour les kilogrammes supplémentaires ou ils prennent la classe «Tropical» sur la Cubana de Aviación, qui leur permet d'emporter 46 kg de bagages, moyennant quelque 200 dollars par trajet. C'est sans oublier les bagages en cabine. Les équipages de la Cubana de Aviación profitent, eux, de leur bref passage dans un aéroport étranger pour acheter des dizaines et des dizaines de produits. Non sans ironie. Lors de l'hiver 2012, le départ d'un vol de la Cubana de Montréal a ainsi été repoussé de plusieurs heures. L'équipage était arrivé en retard après être parti faire des courses. Les mules sont un phénomène très important dans une société cubaine qui manque de tout. À Cuba, l'Occident arrive dans les valises.

Il n'existe pas vraiment de statistiques fiables sur le sujet, seulement des estimations. Si pour chaque famille concernée, les *remesas* ne sont que des sommes de quelques dizaines de dollars mensuels, ils constituent la survie de millions de Cubains. « Si l'on considère qu'une forte part des *remesas* est constituée de l'argent que les Canadiens, Italiens ou Espagnols envoient à leurs *chicas* [leurs filles – fiancées], on peut dire qu'une part non négligeable de l'économie de Cuba dépend du charme des Cubaines », confie un économiste en poste à La Havane. Pendant longtemps, l'envoi de fonds depuis les États-Unis vers Cuba était très encadré. Le montant était limité annuellement. Le président Barack Obama a libéralisé en 2009 l'envoi de *remesas* vers l'île des Caraïbes. Il n'existe désormais plus aucune restriction, ni de montant limite.

Trafics en tous genres

Pour accéder aux fruits défendus du capitalisme, les Cubains intensifient les trafics en tous genres. Des étrangers, venus des nouveaux pays frères, le Venezuela, l'Équateur ou la Bolivie, les bras chargés de valises de vêtements ou de DVD, revendent aux habitants de l'île des vêtements et des biens de consommation que les Cubains écoulent par la suite dans les boutiques de la capitale ou chez certaines de leurs connaissances, avec des profits substantiels.

Délinquance

Cuba est l'un des pays les plus sûrs au monde pour les étrangers. L'omniprésence de la police et la répression n'ont pas totalement éliminé les petits larcins, mais ils demeurent rares au regard de ceux que l'on connaît en Occident. Si les représentations diplomatiques étrangères mettent en garde contre une recrudescence des vols à la tire dans les lieux touristiques de La Havane, les principaux risques sont de voir disparaître sa serviette de bain ou son t-shirt sur la plage. Quant aux agressions physiques sur des étrangers, elles sont tout bonnement exceptionnelles. C'est le bon côté de cette dictature, où une agression physique sera très durement réprimée. Les Cubains le savent, et même les bagarres entre ivrognes ne touchent pas les étrangers. La Havane est une ville sûre; il convient toutefois de faire preuve de bon sens et d'éviter de se promener tard la nuit dans des ruelles sombres, car comme il n'existe pas de presse libre, les faits divers, agressions et vols n'apparaissent nulle part!

Les sports et les jeux

Cuba est une nation sportive et le régime consacre une place importante aux sports. L'excellente réussite du sport cubain tient en effet au système socialiste qui y a beaucoup investi et encourage, dès leur plus jeune âge, des centaines de milliers d'enfants à pratiquer des activités sportives. L'apparence de bonne forme physique de la jeunesse est d'ailleurs frappante. Les jeunes Cubains ont accès à de très nombreuses installations sportives et ces sportifs en herbe s'affrontent fréquemment lors de compétitions entre écoles. Ils constituent un formidable vivier d'athlètes de haut niveau qui permettra ensuite de vanter l'excellence de Cuba lors des rencontres sportives internationales. Les grandes passions des habitants de la grande île demeurent le baseball et la boxe, et dans une moindre mesure l'athlétisme. La *pelota* (le baseball) tient le haut du pavé et fait figure de sport national. Les Cubains ont toujours remporté des médailles lors des compétitions internationales. Parallèlement aux sports, les habitants de l'île adorent jouer et les dominos sont de loin leur jeu favori.

Le baseball ou *pelota*

Le baseball est aux Cubains ce que le foot est aux Européens ou le hockey aux Canadiens. Il fut introduit par les Américains dans la grande île en 1864 ou 1865. Le premier championnat remonterait à 1878. Il existe 16 équipes de baseball à Cuba, dont certaines, comme les Industriales de La Havane, sont de véritables légendes pour les habitants. Les soirs de match, les Cubains ont les yeux rivés sur les écrans de télévision. Lors des séries de *pelota*, chaque ville vibre pour son équipe. Des petits groupes se réunissent à La Havane dans le Parque Central et discutent des heures durant des résultats et des heures durant des aventures des joueurs cubains partis vivre aux États-Unis. Dans les rues, les enfants bricolent des battes de baseball. Ils passent des heures à jouer à la *pelota*. Les joueurs cubains sont nombreux dans les équipes américaines. Le gouvernement de La Havane a d'ailleurs accusé Washington de voler les talents de l'île.

La boxe

La boxe est un sport où les Cubains excellent. Cuba a remporté depuis les débuts des Jeux olympiques une trentaine de médailles d'or, dont trois aux Jeux olympiques de Rio en 2016. De nombreux champions olympiques, parmi lesquels le colosse Félix Savón ou Alcides Sagarra, ont ouvert des écoles de boxe et misent sur le transfert du savoir. Chaque année,

Une partie de dominos avec les derniers compagnons de Che Guevara

Il est 8h dimanche matin à la Casa de los Combatientes (la maison des combattants), l'une des plus belles demeures coloniales du centre-ville de Santa Clara. Il y a là Antonio, l'ancien d'Angola, un grand Noir squelettique. Surnommé *El comandante*, il sert de copieuses rasades de rhum dans des écuelles de fer cabossées. Ramón Fonseca, 71 ans, est un vétéran de la Colonne Fidel. Il a combattu aux côtés de Che Guevara quelques mois avant le triomphe de la Révolution. Mais ce matin, il n'est pas question de parler du Che ou des combats de guérilla. C'est le temps du jeu. Déjà, trois anciens combattants l'entraînent pour une partie de dominos. Les gros rectangles blancs claquent sur les tables. Il n'y a pas assez de tables. Il n'y a pas assez de jeux. Les retraités attendent leur tour. La patience est la vertu cardinale des Cubains. Une photo du Che flotte au-dessus des têtes, avec une inscription manuscrite à l'encre rouge: «La Révolution se fait à travers les hommes, mais l'homme doit forger jour après jour son esprit révolutionnaire.»

Paru initialement dans *Le Temps*

lors d'un concours au centre d'athlètes de haut niveau Girardo Córdova Cardín de La Havane, les jeunes boxeurs affrontent des champions vétérans. La boxe est un sport très organisé à Cuba. Elle commence dans les quartiers pour se terminer dans l'équipe olympique. Tous les grands champions cubains sont passés par l'Académie de boxe de La Havane, qui recrute, en internat, sur le principe du sport-études, les jeunes Cubains dès l'âge de huit ans, avec pour objectif de détecter les talents et d'en faire les meilleurs des meilleurs dans le noble sport.

L'athlétisme

La première médaille d'athlétisme de la jeune Révolution cubaine fut décernée à Enrique Figuerola aux Jeux olympiques de Tokyo en 1964. Dans les années 1970, les Cubains eurent pour héros national Alberto Juantorena, qui remporta les médailles d'or aux épreuves de 400 m et de 800 m aux Jeux olympiques de Montréal en 1976. À la fin des années 1990, l'athlétisme cubain a eu ses géants, comme Javier Sotomayor, champion du monde de saut en hauteur à six reprises et détenteur du record mondial de saut en hauteur, qui a pris sa retraite en 2002.

Les dominos

Les dominos sont une passion dévorante de tous les instants, un véritable jeu national. Le jeu de dominos se joue à la maison, mais aussi dans les parcs ou les cafés. Le soir, les familles passent des heures à brasser les gros dominos. Le jeu se joue en couple. On prend 10 dominos. Les joueurs se servent du rhum. Ils multiplient les jurons. Les dés claquent sur la table. Le premier qui se débarrasse de ses dominos a gagné la partie. Et on recommence jusqu'à plus soif.

3 La vie en société

Les classes socioéconomiques

Cuba est le pays des apparences trompeuses. Les Cubains ne sont pas très pauvres ou très riches. La réalité est moins manichéenne. L'île socialiste compte plusieurs classes socioéconomiques, mais l'absence de statistiques fiables, l'omniprésence du marché noir et de la corruption, le pillage dans les entreprises faussent les comparaisons avec l'Occident. Les salaires, très faibles, sont souvent dopés par la débrouille et l'économie parallèle. Les aides sociales de l'État-providence cubain rendent toutes mesures comparatives avec l'Europe social-démocrate bien ardues et encore plus avec le libéral Canada. Il est difficile de définir cette société en classes moyennes ou supérieures, comme nous le faisons en Amérique ou en Europe, même si depuis la « Révolution capitaliste » de Raúl Castro en 2010, une classe plus aisée de petits entrepreneurs a fait son apparition. Il s'agit là d'une nouveauté, d'un réel changement, qui n'est pas sans susciter une augmentation des inégalités.

Cuba échappe aux schémas traditionnels

À Cuba, il faut oublier les schémas classiques. Le système est différent. Les familles reçoivent de très importantes subventions du gouvernement (*libreta*, logement, santé, éducation, etc.). Si bien des Cubains paient désormais un loyer, beaucoup encore ne paient pas leur logement. Il est fourni par l'État.

L'eau et l'électricité sont quasi gratuites. L'éducation et la santé sont gratuites. Le coût des transports en commun (pour les autobus) est symbolique. La *libreta* assure une dizaine de jours de nourriture par mois, moins diront certains, pour une somme dérisoire, à chaque habitant de la grande île. Toutes choses déroutantes à prendre en compte lorsqu'on évalue le système cubain. Il y a toutefois quelques grands groupes socioéconomiques. La majorité silencieuse, miséreuse, peine à joindre les deux bouts. Elle mange du riz blanc et des haricots noirs, les sempiternels *moros y cristianos* (maures et chrétiens). Elle doit se contenter du minimum calorique et souvent de moins. Elle vit d'expédients et de débrouille dans un sous-développement économique chronique. C'est celle des salariés de la plupart des entreprises publiques. Là, les salaires vont de 10 dollars par mois pour un serveur à 67 dollars pour un médecin. Rien à voir avec les habitants de l'île dont un cousin, un frère, a quitté Cuba pour la Floride, le Canada ou l'Europe. Ces Cubains-là sont plus chanceux. L'oncle d'Amérique envoie tous les mois des petits mandats (les *remesas*). Ces quelques dizaines, voire centaines de dollars mensuels, représentent une véritable fortune pour les familles. Il existe une autre classe, parfois plus aisée, parfois plus pauvre. C'est pour l'essentiel celle des propriétaires de petites entreprises privées (les *cuentapropistas*). Au sommet de l'échelle, les travailleurs dans les hôtels pour touristes. Les barmen ou les serveurs dans un hôtel tout-inclus sont les empereurs de Cuba. Les pourboires qu'ils perçoivent en CUC, parfois plus d'un mois de salaire en une journée, améliorent considérablement leur quotidien. Enfin, la nomenklatura, constituée des militaires haut gradés et des dirigeants du Parti communiste, vit dans le luxe le plus ostentatoire, mais ce luxe, contrairement à l'Occident, ne se voit qu'à l'intérieur des maisons, relativement peu à l'extérieur.

La majorité silencieuse

Les Cubains dévoilent sans fard le montant de leur paie aux étrangers. C'est peut-être parce que ce salaire est devenu un anachronisme et que les habitants de l'île veulent le faire savoir aux voyageurs. Un Canadien ou un Européen croira à une erreur ou à une exagération tant ce revenu mensuel est faible, souvent inférieur à une heure de travail dans un pays occidental. Les Cubains sont payés en *pesos cubanos* (CUP), une monnaie qui ne leur donne pas accès à grand-chose, contrairement aux *pesos convertibles* (CUC) (voir «L'argent», p. 39). Un travailleur moyen empoche la somme de 250 à 300 CUP (10 $ à 12 $) par mois. Un médecin généraliste gagne 67 $ par mois depuis 2014 (trois fois moins avant). Un spécialiste obtiendra jusqu'à 850 *pesos cubanos* (34 $) par mois. S'il est donc mieux loti que bien des Cubains, cela ne fait pas de lui quelqu'un de plus aisé que la majorité silencieuse. Les retraités doivent composer avec des pensions mensuelles allant de 150 à 200 CUP (6 $ à 8 $). Ils sont parmi les plus pauvres des plus pauvres. Les aînés doivent souvent travailler pour améliorer leur quotidien. Ces salaires d'un autre temps s'expliquent d'une part parce que Cuba s'est arrêtée au moment de la prise du pouvoir par les *barbudos* en 1959. Le temps s'est figé, comme le parc automobile cubain, d'un autre âge. Et puis, en 1994, peu après la chute de l'URSS, le gouvernement a créé le CUC. Le *peso cubano* a alors perdu toute sa valeur. Cuba ne s'en est jamais remise.

Si tous les visiteurs apprécient ce véritable musée vivant qu'est la plus grande île des Caraïbes, ils ne soupçonnent pas la pauvreté et les difficultés quotidiennes de cette majorité silencieuse qui englobe aussi bien les paysans que les employés des administrations ou les ouvriers.

Bref, la majorité silencieuse, qui englobe aussi bien les paysans que les employés des administrations ou les ouvriers, souffre.

Vers une classe plus aisée

Le développement exponentiel du tourisme depuis la fin des années 1990 a créé une classe un peu plus prospère que la majorité silencieuse. La « richesse » de cette nouvelle classe provient pour l'essentiel de la manne touristique. Ces Cubains plus aisés que leurs compatriotes sont généralement des serveurs, des femmes de ménage ou des animateurs dans les hôtels tout-compris qui perçoivent force pourboires en CUC. Les petits *regalos* (cadeaux) que leur font les étrangers sont non seulement d'une grande valeur dans le pays, mais ils sont aussi souvent inaccessibles pour le commun des mortels de l'île : savons, shampoings, vêtements... Les Cubains les revendent à leurs voisins ou dans des boutiques. Il n'est pas rare que d'anciens médecins ou des ingénieurs préfèrent travailler comme barmen dans un hôtel pour gagner plus d'argent. Ces places sont très prisées. Assez ironiquement, certains barmen d'hôtels tout-compris, dont les pourboires atteignent parfois 30 dollars par jour vivent comme des rois à Cuba. Beaucoup mieux, même, proportionnellement, que certains touristes chez eux.

Les exploitants de *casas particulares* et de *paladares* font aussi partie de cette classe plus fortunée. Les touristes paient leurs chambres ou repas en CUC, un sésame pour avoir accès aux biens de consommation que les autres Cubains ne peuvent pas s'offrir. La concurrence est cependant rude, et les propriétaires de ces établissements doivent payer autant la police que les nombreux inspecteurs qui viennent fréquemment les racketter. Sous le moindre prétexte, les agents distribuent des amendes, dont le montant va directement dans leur poche.

Rapine et débrouille

« Nous ne trouvons parfois plus de savon dans les commerces pendant une quinzaine de jours. Celui que nous octroie la *libreta* [le carnet de rationnement] est si petit qu'il est vite épuisé. » Lisbeth, jeune diplômée en médecine de l'Université de Cienfuegos, une métropole régionale de 160 000 habitants, dépose un dé de savon jaunâtre près de l'évier familial. La jeune Mulâtre de 26 ans habite Palmira, une bourgade déshéritée de la banlieue de Cienfuegos. Elle partage avec sa mère, María, et sa sœur, Maribel, les trois pièces d'une masure décatie dont les seules richesses sont un canapé défoncé et un frigidaire que la famille a toujours vu sur le sol de terre battue. Le père a quitté la maison quelques années après la naissance des enfants. María travaille comme surveillante à l'hôpital de Cienfuegos. Six jours sur sept, cette dynamique quinquagénaire patrouille dans les couloirs du centre hospitalier pour un salaire de 300 CUP (12 $) par mois... Comme pour tous les Cubains, ces revenus augmentent avec le marché noir, la corruption et la rapine généralisée des biens de l'État sur les lieux de travail.

Paru initialement dans *Le Figaro*

À La Havane, la crise fait suer les Cubains

Si les mesures adoptées par Barack Obama pour libéraliser les voyages des Cubano-Américains ont été bien acceptées par la population cubaine, elles ne se traduisent pas encore au quotidien par un afflux de devises. « Les Cubains de Miami ne sont pas plus nombreux qu'autrefois », conte Ernestito, dont le taxi multiplie les allers-retours entre l'aéroport José Martí de La Havane et le centre-ville. Roberto, retraité cubano-américain de Miami, déplore : « Je suis prêt à aider mes compatriotes, mais c'est difficile. J'ai acheté aux États-Unis un ordinateur portable à 400 dollars pour ma fille, étudiante en médecine à La Havane. Il a fallu que je paie 500 dollars de taxes une fois arrivé ici [à Cuba]. »

Paru initialement dans *Le Figaro*

Inutile de dire qu'ils sont les personnages les plus haïs de la Révolution cubaine. Bien que le régime tente de lutter contre la corruption, celle-ci est généralisée dans la police et à plusieurs hauts niveaux de l'État. Raúl Castro a d'ailleurs fait de la lutte contre la corruption une priorité de ces dernières années. La faiblesse des salaires rend cette tâche bien illusoire.

Le virage capitaliste initié par Raúl Castro à la fin de l'année 2010 a contribué à l'émergence d'une classe plus aisée que la majorité silencieuse. Ces Cubains un peu plus riches que les autres sont les petits entrepreneurs privés, les *cuentapropistas*. Restaurateurs ambulants, horlogers, coiffeurs, ils gagnent plus d'argent que les salariés de l'État et ils peuvent parfois se permettre des sorties au restaurant et même dans les hôtels pour touristes. C'est là un réel changement de société par rapport à l'époque de Fidel Castro.

Les Cubains et leurs cousins de Miami

Les habitants de la grande île des Caraïbes dont un parent vit à l'étranger sont souvent privilégiés par rapport à la majorité de leurs compatriotes. L'US Census Bureau (Bureau du recensement américain) estime que deux millions de Cubains vivaient aux États-Unis en 2013 (contre 822 000 en 1980). Ce chiffre devrait fortement augmenter ces prochaines années, puisque les Cubains ont, depuis janvier 2013, le droit de voyager librement à l'étranger. La majorité, près de 1,5 million, s'est établie à Miami. Ces cousins, ces frères ou ces mères envoient des petits mandats et des colis de produits inaccessibles à Cuba. Les sources ne s'accordent pas toujours sur un chiffre commun, mais les *remesas* constituent la première ou la deuxième source de revenus de l'économie cubaine. Les sommes reçues demeurent secrètes. Elles varient grandement d'une famille à l'autre. Comme il n'existe pas de statistiques sur le sujet, il est difficile de mesurer les bienfaits provenant de ces envois d'argent. Ils vivent beaucoup mieux que la majorité silencieuse, sans que l'on puisse parler toutefois d'une classe aisée, ni de nomenklatura.

La nomenklatura

La nomenklatura cubaine s'affiche sans discrétion. À La Havane, dans le quartier résidentiel de Miramar, des automobiles rutilantes transportent des familles, blanches pour l'essentiel. La fin de semaine, les Mercedes et les berlines Peugeot filent à tombeau ouvert vers

Les folles après-midi de la jeunesse dorée havanaise

Le sol est jonché de canettes de bière Bucanero. Les cadavres des bouteilles de rhum Havana Club sont renversés sur les tables. Il n'est que 16h ce samedi après-midi, mais l'assistance s'est brûlé les ailes aux vapeurs de l'alcool. Ce sont des filles et des garçons, blancs pour la plupart. Ils sont âgés de 16 à 20 ans. Ils ont les yeux dans le vide, la tête tournée vers le soleil. L'endroit s'appelle Mi Cayito. C'est un petit resto-bar de plage, à une vingtaine de kilomètres de La Havane. Le samedi après-midi, le lieu se transforme en discothèque pour la jeunesse dorée de la capitale. Les jeunes Cubains y viennent en Lada rutilantes ou en Volkswagen Jetta. L'entrée et les boissons sont payables en *pesos convertibles*. Il y a là un petit lac où, moyennant quelques CUC, ces privilégiés louent qui un pédalo, qui un canoë pour quelques heures. Tous ont à la main un inséparable compagnon, le *celular*. C'est la jeunesse dorée de La Havane.

Varadero ou vers les résidences secondaires des plages de l'Est (Playas del Este). Les maisons sont cossues. Il y a souvent six chambres, une vaste terrasse et puis, surtout, une grande piscine. IPhones, tablettes électroniques, banquets luxueux, arrosés de vins fins espagnols, rien n'est trop beau pour la classe dirigeante. Elle a le plus naturellement du monde adopté le mode de vie de l'ennemi capitaliste. S'il est difficile de mesurer le nombre de Cubains faisant partie de cette élite capitaliste dans un pays socialiste, la plupart d'entre eux sont des militaires haut gradés et des membres du Parti communiste cubain.

Faire partie de la nomenklatura est un statut envié, car il ouvre les portes de la richesse et du pouvoir. L'accession aux classes supérieures ne s'effectue pas en fonction du mérite ou de la compétence. C'est un cercle fermé. Cuba regorge d'ingénieurs et de docteurs surdiplômés qui ne deviendront jamais des notables. Faire partie de l'élite est un privilège qui se transmet entre les membres d'une même famille. Un Cubain dont les proches ne sont pas des militaires ou des membres du Parti communiste n'a pratiquement aucune chance d'intégrer le cercle très restreint des privilégiés de l'île.

Les couleurs de peau

Blanc ou noir. L'analyse occidentale de la couleur de la peau est souvent très manichéenne. À Cuba, il n'en est rien. Les Cubains sont noirs, mulâtres, métis ou blancs. Des Sino-Cubains se sont métissés avec des Mulâtres, des Noirs ou des Blancs. Il existe, selon les classifications cubaines, une vingtaine de couleurs de peau. Pour les habitants de la grande île des Caraïbes, cette classification est très importante. Presque tous les Cubains attendent de leur interlocuteur étranger qu'il leur attribue une couleur de peau plus blanche que la réalité. Selon les données du dernier recensement (2002; aucune donnée plus récente n'est disponible), plus de 65% des habitants se définissent comme Blancs, un chiffre qui ne manque pas de piquant compte tenu de la réalité de l'île. Cuba demeure très marquée par quatre siècles de colonisation espagnole et par plusieurs siècles d'esclavage. Dans une société encore très imprégnée de racisme, la couleur de la peau est un élément déterminant dans les relations quotidiennes.

Le racisme

La Révolution cubaine n'a pas supprimé le racisme. Les Noirs sont quasi absents des hautes instances dirigeantes du Parti communiste cubain. Sur les 612 députés de l'Assemblée nationale du pouvoir populaire, seuls 37 % sont noirs, un pourcentage bien inférieur à la réalité noire de l'île. Un œil étranger un tant soit peu acéré verra vite que plus la couleur de la peau d'un Cubain est foncée, plus son emploi est subalterne. Les Noirs sont souvent vigiles pour l'omniprésente société de sécurité SEPSA. Ils sont balayeurs. Ils travaillent dans les champs. Dans les hôtels où la clientèle est étrangère, les travailleurs à la peau très foncée sont quasi absents des postes de représentation.

Si l'article 42 de la Constitution cubaine consacre un long énoncé à l'égalité des habitants pour travailler dans tous les postes des administrations publiques ou politiques et cela à salaire égal, la réalité est moins idyllique. Plus une fonction exige un contact avec la clientèle d'autres pays, plus la couleur de peau des travailleurs se rapproche du blanc. Les serveurs, les réceptionnistes, les barmen ont la peau plutôt claire. Cette dichotomie professionnelle Noirs-Blancs est moins vraie dans la vie quotidienne. Noirs et Blancs se parlent. Ils font l'amour. Ils se marient. Les familles cubaines sont de véritables arcs-en-ciel qui feraient presque croire que le racisme a disparu de l'île. Il n'en est rien. Il n'existe pas de politiquement correct à Cuba et le « Negro » est toujours pointé du doigt. Le noir Toti (du nom d'un oiseau au plumage très noir), le plus foncé dans la hiérarchie des couleurs, est considéré dans la tradition cubaine comme le responsable de tous les maux. « *El Toti tiene la culpa de todo* ». Ces dernières années, la société cubaine a toutefois entamé une réflexion sur le racisme et, depuis peu, des émissions de télévision évoquent ce phénomène ouvertement.

La discrimination vue par l'article 42 de la Constitution cubaine de 1976

« La discrimination, pour des motifs de race, de couleur de la peau, de sexe, d'origine nationale, de croyances religieuses et toute autre atteinte à la dignité humaine sont proscrites et sanctionnées par la loi. Les institutions de l'État inculquent à tous, depuis l'âge le plus tendre, le principe d'égalité des êtres humains. »

La sexualité

La sexualité est à Cuba, plus qu'ailleurs, une composante majeure de la société. Elle est partie intégrante de la littérature, de la musique cubaine et du quotidien des habitants. Le phénomène n'est pas nouveau. À la fin des années 1920, l'écrivain français Paul Morand s'enflamme à propos de La Havane dans *Hiver Caraïbe* : « C'est une telle inflation de beautés que les cours s'en effondrent. Les bouches remuent, les yeux glissent, les rires éclatent. » Cette sexualité exacerbée déroute les étrangers. Le plus souvent, ils limitent leur regard sur le pays à l'île des plaisirs de la chair. L'éclosion du tourisme de masse a contribué à celle du tourisme sexuel. Si les sources divergent sur la phrase exacte, Fidel Castro aurait dit un jour à propos de la prostitution à Cuba : « Même nos prostituées sont éduquées. » Les filles des trottoirs ne portent pas leur nom, mais elles sont bien présentes.

Le tourisme sexuel

De Santiago à Pinar del Río, Cuba est devenue l'eldorado du tourisme sexuel. Il n'existe pas de statistiques sur l'importance du phénomène. Sur près de trois millions de vacanciers chaque année, on peut chiffrer à plusieurs centaines de milliers le nombre de touristes attirés par les fesses des Cubains et des Cubaines. Les Canadiens, les Canadiennes et les Italiens sont dans le peloton de tête. Si le tourisme sexuel a longtemps été discret, il est désormais visible aussi bien dans les hôtels que sur les plages ou même dans la rue. Des septuagénaires et octogénaires décatis, dopés au Viagra, enchaînent les aventures avec des jeunes beautés tropicales. Ils expliquent que lassés, ils ont laissé tomber la petite dernière de 25 ans pour une plus jeune de 22 ans. Des quinquagénaires rondouillardes passent des nuits de plaisir avec de grands rastas aux muscles d'acier. Lors des nuits de La Havane, sur le Malecón, le long front de mer de la capitale de l'île caribéenne, des Lolita exotiques exposent leur corps dans une ambiance de rhum et de *salsa*. Les touristes sont italiens, canadiens, espagnols ou français. Des hommes pas forcément jeunes, pas forcément riches, pas forcément beaux. Ils retrouvent une seconde vie auprès de jeunesses pimpantes. Le phénomène est aussi vrai pour les femmes. Des étrangères dodues s'encanaillent auprès d'athlètes au corps d'ébène. De plus en plus, la pauvreté mène les Cubains à vendre leur intimité pour quelques vêtements, du shampoing ou du savon. C'est la *necesidad* (la nécessité) qui revient sur toutes les lèvres pour expliquer cet état de fait.

Le *jineterismo*, une prostitution différente

Personne à Cuba ne veut reconnaître la présence de la prostitution. Les autorités en ignorent l'existence officiellement, mais dans les faits, ils la répriment régulièrement. La prostitution est illégale dans la plus grande île des Caraïbes. Elle existe pourtant à grande échelle dans toute la société cubaine. En comparaison des *jineteras*, les putains tarifées à l'occidentale sont assez rares. Elles arpentent les routes près de Guanabacoa où elles se donnent pour quelques dollars. Les automobilistes les appellent les *chupa-chupas* (en référence aux sucettes). Plutôt que de prostitution, les Cubains préfèrent parler du phénomène des *jineteras* (des cavalières). La *jinetera* elle-même récuse fermement le nom de prostituée. «*No soy una puta*», dit-elle. Souriante,

Jineteras et *jineteros*

«À Guardalavaca, j'ai vu arriver un play-boy avec, pour seul bagage, un maillot de bain. Une touriste plutôt dodue s'est tout de suite occupée de lui», confie Pierre, un vieux routier des pistes cubaines. À quelques mètres de là, deux étrangères roucoulent auprès d'un amant cubain attentionné. Elles sont rougeaudes. Elles sont laides. L'homme vante leurs charmes. Il les rassure. Il profite de la vie à l'occidentale en dispensant ses faveurs. Les deux femmes sont aux anges. «Le secret? On leur en donne pour leur argent», conte plus tard un *jinetero*. À défaut de toujours pouvoir bénéficier des retombées du tourisme, le *jineterismo* est devenu la principale source de revenus pour bien des Cubains. À Cuba, le *jineterismo* est perçu comme un mal nécessaire. «On pourrait parler de prostitution, d'intérêt pour l'argent lorsqu'une fille a 20 ans et l'homme 80 ans. Lorsqu'il y a seulement quelques années de différence, un homme est un homme», s'indigne presque la propriétaire d'une *casa particular*.

provocatrice, elle aborde le touriste avec les mêmes petits trucs. «*¿Companero, tienes fosforo?*» (Camarade, as-tu du feu?). Elle s'offre comme guide. Le contact est établi. L'homme peut avoir 20 ans ou 80 ans. Il peut être bossu, boutonneux. Il importe peu. À Cuba, l'étranger est beau. Toujours. La jolie sirène demande une *ayuda* (aide) à son compagnon. Cette *ayuda* peut être financière, un petit pactole de 10 ou 20 CUC avec lequel elle achètera des lunettes de soleil, un téléphone portable et toutes sortes de gadgets futiles. Ce peut être aussi une aide matérielle sous la forme de vêtements ou de tennis dernier cri. Elle se reconnaît toujours par son habillement, plus riche que celui de ses compatriotes et aussi par le fait qu'elle ne travaille pas dans la journée. Elle est étudiante, dit-elle, souvent en comptabilité, un bon choix pour son métier. Lorsque le soleil tombe, elle affiche sa différence: parfums, chaussures européennes.

Contrairement à ce qui se passe avec les fleurs du macadam occidentales, les Européens et les Canadiens poivre et sel connaissent une seconde jeunesse avec les *jineteras*. Ils ont très vite l'impression de vivre une grande histoire d'amour. Ce n'est le plus souvent qu'une histoire d'argent éphémère. Car si la croqueuse se mue en une compagne normale, aimante, ce n'est que pour un temps, celui de sortir de sa condition. Sous le charme, le *yuma* (l'étranger) se marie pour découvrir plus tard que sa belle est parfois déjà mariée. Le *jineterismo* existe aussi pour les femmes et les homosexuels. Sur les plages cubaines, des éphèbes noirs font rouler leurs muscles aux côtés de compagnes occidentales souvent bedonnantes.

Être *jinetera*, un espoir de liberté

Être *jinetera* est un espoir de sortir de sa condition, de dénicher un ange pour sortir d'un pays sans avenir. Toutes les Cubaines ont qui une cousine, qui une amie qui s'est mariée avec un étranger. Des auto-stoppeuses, mères de famille ou étudiantes, qui ne sont pas *jineteras*, sont prêtes à faire une pige sexuelle pour rencontrer un étranger qui les fera sortir de leur misère et les emmènera ailleurs, peu importe le pays. D'autant plus que les *jineteras* sont relativement à l'abri des *chulos* (les souteneurs), pourchassés par les autorités (malgré tout, depuis quelques années, les maquereaux portant de grosses chaînes en imitation or sont plus présents). Il y a bien quelques vieux Italiens qui font travailler quelques filles dans les hôtels tout-compris, mais le phénomène est marginal. C'est en cela que le *jineterismo* est différent.

Les frontières entre la prostitution, l'espoir de sortir du pays pour la travailleuse d'usine et le véritable amour sont bien minces. La réalité est souvent plus crue. Les *jineteras* passent de bras en bras jusqu'à ce que leur corps se fane. À propos de ces beautés tropicales, l'écrivain cubain Jesús Díaz fait parler son héroïne dans son roman *La piel y la masquara*: «Elles participaient à des orgies. Mais moi, non... J'étais une jeune communiste, j'étudiais à l'Institut supérieur d'art, je faisais 20 km par jour sur une lourde bicyclette chinoise, je mangeais la misère à laquelle me donnaient droit les tickets de rationnement.» Être *jinetera* comporte des risques importants. De temps à autre, le régime effectue des rafles. Après deux avertissements, les jeunes filles sont alors envoyées en prison pendant deux ou trois ans pour y être rééduquées.

Le double jeu du gouvernement

Depuis 2008, tous les Cubains peuvent théoriquement entrer dans les hôtels réservés autrefois aux étrangers. Le prix demeure dissuasif. De plus en plus de *jineteras* profitent toutefois de cette libéralisation du système. Auparavant, les touristes payaient les gardiens des hôtels pour faire venir leurs conquêtes dans leur chambre. Ils louaient une chambre chez l'habitant. Les revenus de la prostitution ont ainsi longtemps échappé au gouvernement. En autorisant les courtisanes à entrer dans les hôtels moyennant un supplément tarifaire journalier, Raúl Castro perçoit désormais d'importantes sommes qui lui échappaient. Le phénomène n'est toutefois pas sans danger pour la pérennité du tourisme dans les hôtels tout-compris. Les épouses étrangères voient d'un mauvais œil ces jeunes femmes que leurs époux regardent avec envie et promettent haut et fort que l'on ne les reprendra plus à se rendre dans un pays où les femmes marient si bien charmes et minijupe. Le frère du Líder Máximo a cependant précisé que toute Cubaine qui aurait plus de deux amants étrangers dans l'année serait considérée comme une prostituée et conduite à la police. Un jeu d'enfant puisque les noms de tous les visiteurs sont inscrits sur les registres des hôtels et des *casas particulares* que la police consulte régulièrement.

La place des femmes

Vue de l'étranger, Cuba est un pays d'horribles machos. Les Cubaines s'occupent entièrement des tâches ménagères. La réalité du machisme cubain est beaucoup plus nuancée. D'une part, parce que les femmes estiment, par exemple, qu'un étranger qui lange ses enfants n'est pas vraiment un homme. D'autre part, les Cubaines ne sont pas prisonnières de leurs conjoints. Elles n'hésitent pas à se séparer. Elles divorcent. Il arrive fréquemment à des femmes à peine sorties de l'adolescence de rompre avec un mari volage et de se retrouver seules avec un enfant à élever. La Révolution cubaine a octroyé de nombreux droits aux femmes, des droits qui n'existaient pas avant 1959. Dès les tout débuts de la Révolution, la Federación de Mujeres Cubanas (Fédération des femmes cubaines) a été créée pour permettre aux femmes cubaines de s'émanciper. Cette fédération compte aujourd'hui plus de 4 millions d'adhérentes et dispose d'antennes dans presque chaque quartier. L'égalité, tant dans le travail que dans la vie quotidienne, est parfaitement encadrée par des textes législatifs. L'une des plus grandes réussites de la Révolution est d'avoir donné aux Cubaines un large accès à l'éducation. Ce faisant, les Cubaines ont eu accès à tous les postes possibles et imaginables du monde du travail. Elles sont doyennes de faculté, médecins ou techniciennes. Les femmes représentent 48,8% des députés de l'Assemblée nationale du pouvoir populaire

L'égalité hommes-femmes vue par la Constitution cubaine

Article 44 de la Constitution: « La femme et l'homme jouissent de droits égaux dans les domaines économiques, politiques, culturels, sociaux et familiaux. L'État garantit que l'on donne à la femme les mêmes opportunités et possibilités qu'à l'homme afin qu'elle participe pleinement au développement du pays. L'État organise des institutions telles que les cercles infantiles, semi-internats ou internats scolaires, maisons pour les vieux, et services qui facilitent à la famille des travailleurs l'accomplissement de leurs responsabilités. L'État, veillant à sa santé et à une saine descendance, octroie à la travailleuse un congé de maternité rétribué avant et après l'accouchement et la possibilité de travail temporaire compatible avec sa fonction maternelle. »

cubain de 2013, un chiffre très supérieur à tous les pays de la planète, à l'exception du Rwanda et de… l'Andorre.

L'homosexualité : les erreurs de l'histoire

Bêtes noires de Fidel Castro, les homosexuels ont été pourchassés pendant de nombreuses années par le Líder Máximo. Le guide de la Révolution a tenté d'éliminer ceux qu'il jugeait asociaux. Il les a envoyés mourir en prison ou dans des camps de travail, les Unidades Militares de Ayuda a la Producción. Ces Unités militaires d'aide à la production, créées en 1965 et dissoutes quelques années plus tard seulement, étaient des camps de travail forcé. Les indésirables (homosexuels, membres du clergé, dissidents, etc.) étaient obligés d'y travailler comme des damnés sous la férule de leurs bourreaux. Si les Castro jugeaient que les homosexuels ne correspondaient pas au modèle révolutionnaire, cela a souvent été un prétexte pour se débarrasser d'opposants. Au début des années 1960, Fidel Castro a ainsi décimé une bonne partie de l'intelligentsia littéraire cubaine, soupçonnée à la fois d'homosexualité et de dissidence. Comme beaucoup d'écrivains, le poète et romancier Reinaldo Areinas a été obligé de s'exiler en 1980 après deux décennies de brimades homophobes.

Les choses ont changé très tardivement, lors de la passation de pouvoirs de Fidel à son demi-frère Raúl en février 2008. Dans une rare ébauche d'autocritique, les Castro ont évoqué l'erreur historique de cette chasse aux homosexuels. Raúl, que certains de ses coreligionnaires ont appelé la « Chinoise rouge » en raison de ses origines (la mère de Fidel aurait eu Raúl avec un garde rural sino-cubain) et d'un penchant homosexuel non avoué, a fait preuve d'ouverture envers la communauté gay. Après tout, confie un cadre cubain : « Je connais bien son chauffeur, un homosexuel déclaré. » Propagande des anticastristes? Peut-être. Chose certaine, Raúl et sa fille Mariela sont sensibles au sort des homosexuels. En mai 2009, Mariela Castro, qui est présidente du Centro Nacional de Educación Sexual de La Havane, a dirigé à La Havane la première marche contre l'homophobie. Quelques jours plus tard, les transsexuels cubains ont obtenu le droit de changer de sexe. Une première tentative de libéralisation s'était soldée par un échec en 1988. Depuis quelques années, les couples homosexuels s'affichent ouvertement dans les grandes villes où se trouvent désormais de nombreuses discothèques réservées aux homosexuels.

Les soirées de Carla

« Viens ici mon amour », lance la Cubaine au touriste italien. C'est une grande fille aux formes callipyges. Elle se trémousse, puis elle rajuste sa robe collante très courte. Un verre de rhum à la main, le Romain se précipite vers la jeune femme. La Cubaine entame un *reggaetón* endiablé. Elle se colle contre l'Italien. Roberto se présente à sa nouvelle conquête. « *Mucho gusto*, moi c'est Carla. Je suis ici tous les soirs », lui dit-elle. Quelques étrangers échangent des clins d'œil. Roberto embrasse goulûment la danseuse. C'est le coup de foudre. Alors Carla dit : « Tu n'as rien contre les hommes? » Roberto blanchit. Il a découvert Carla-Carlos, l'une des nouvelles réalités des nuits cubaines.

Une acceptation sous contrôle

Les homosexuels cubains affichent aujourd'hui assez ouvertement leur différence dans des endroits bien connus de la population havanaise sans que cela pose un problème. Cette liberté ne va toutefois pas jusqu'à des démonstrations passionnées en public, même si dans certaines grandes villes, depuis peu les jeunes se tiennent la main. Sur le Malecón, le front de mer de La Havane, au coin de la Rampa, des jeunes et moins jeunes se retrouvent le soir pour discuter jusqu'à plus soif. Ils s'affichent ouvertement dans les discothèques. Depuis quelques années, les gays ont également élu domicile sur une petite partie des plages de l'Est, situées à une vingtaine de kilomètres à l'est de La Havane et très fréquentées par les Cubains les fins de semaine. À cet endroit, les couples homosexuels sont beaucoup plus libres de montrer leur passion. Le nombre de bars et discothèques gays a explosé à La Havane depuis 2013-2014, et certains médias des États-Unis ont prédit que Cuba serait bientôt un paradis pour les homo-sexuels américains. Certaines villes, comme Santa Clara, sont depuis longtemps *gay friendly*. Si l'homosexualité s'affiche donc assez librement désormais dans certains centres, c'est beaucoup moins vrai dans les campagnes où ce phénomène demeure encore tabou et peu apprécié par la population.

Les étrangers, les Cubains et la peur de l'autre

Sujet de toutes les attentions et de toutes les curiosités, les étrangers fascinent la population pour ce qu'ils représentent: la liberté et l'argent. Les Cubains rêvent de pouvoir s'exprimer sans la crainte de la censure ou de la police. Ils imaginent des étrangers dont les moyens financiers sont illimités. Pour la majorité des Cubains, le *yuma* est une espèce étrange qui cueille à pleines mains des euros et des dollars dans son pays. Les habitants de l'île des Caraïbes font très attention lorsqu'ils s'adressent à quelqu'un qu'ils ne connaissent pas. À Cuba, une conversation avec un inconnu peut très vite être assimilée à une critique du régime. Lorsque cette conversation a lieu avec un étranger, c'est encore pire. Elle peut très vite mener à des années de prison. Certes, le régime s'est bien libéralisé ces dernières années, mais l'arbitraire est toujours la règle et surtout les vieux réflexes de prudence ne se perdent pas facilement. Les étrangers, qui eux ne sont jamais dérangés par les policiers, ne se rendent paradoxalement pas compte que cette police, très efficace, est très dangereuse pour les Cubains. Beaucoup d'étrangers pensent à tort qu'il s'agit d'un mythe.

On ne parle pas aux étrangers

Le voyageur est un personnage envié, mais les Cubains, fiers et indépendants, ne se comportent pas avec lui comme des colonisés; il y a toujours une distance. Il restera toujours un *yuma*. Bien que les habitants de l'île demeurent très curieux de savoir ce que pense l'autre, parler librement aux étrangers ne va pas de soi. Un Occidental est considéré par les autorités comme un contre-révolutionnaire qui distillera de mauvaises idées capitalistes à la population. Quant aux Cubains, ils se demanderont, notamment si leur vis-à-vis étranger parle espagnol, si celui-ci n'est pas un agent en civil de la police politique.

Dans tous les cas, lorsqu'on s'adresse aux Cubains pour une conversation qui dépasse le cadre du simple renseignement, mieux vaut le faire à l'abri des regards. La discrétion est de mise.

Chauffeurs des taxis d'État, serveurs dans les hôtels, toutes ces professions recherchées par les Cubains sont aussi celles où l'on retrouve le plus d'informateurs. Le simple fait de parler à un étranger peut être un motif d'interpellation. C'est pourquoi un Cubain qui se confie et parle beaucoup a plus de chance d'être un informateur qu'un dissident. Les policiers sont omniprésents dans les moindres replis de la vie quotidienne. Cuba surveille son monde à l'instar de ce que faisait la Stasi, la police politique est-allemande. Alors qu'une simple garde à vue dure généralement 24 ou 48 heures dans la plupart des pays occidentaux, elle peut aller jusqu'à une année à Cuba. Lorsqu'une femme s'adresse à un Occidental, le risque est encore plus grand. Après avoir demandé les papiers d'identité d'une Cubaine, le policier peut décider arbitrairement que cette dernière pratique le racolage. Lors d'une première rencontre, l'agent émet un avertissement. Au bout de la troisième interpellation, c'est la prison pour deux ou trois années. Enfin, les Cubains n'ont pas le droit d'héberger des étrangers chez eux, sauf dans le cas des *casas particulares* et dans le cas de rares permissions obtenues auprès du ministère de l'Immigration, lorsque les autorités considèrent qu'un couple mixte se connaît depuis suffisamment longtemps.

La révolution de la peur

Elle peut bien porter un béret à la Guevara. Yaima, la petite infirmière, sait que le Che ne la protègera pas. Prise d'une inextinguible danse de Saint-Guy à la vue du policier, elle tremble de tous ses membres. L'homme l'a vu discuter avec un étranger. « Je risque une amende et la prochaine fois, ce sera la prison », dit-elle. À Cuba, lorsqu'une femme parle à un étranger, ce comportement est assimilé à de la prostitution. « Mon amie de 24 ans a fait trois ans de prison parce qu'elle avait un amant italien. La police s'en est aperçue par un courrier électronique que mon amie a reçu de l'Italien », conte Yeni, une Mulâtre débonnaire. Les communications téléphoniques sont écoutées. « Il faut toujours être neutre, ne pas donner de noms lors d'une discussion », explique Carlos.

Depuis quelques années, les caméras sont de plus en plus présentes dans les lieux publics et dans les hôtels. Dans toutes les villes, les mouchards des Comités de défense de la Révolution (CDR) rapportent tous les faits et gestes. Tout le monde surveille tout le monde. Les Cubains ont la peur nouée au ventre, en permanence. L'été, sur les plages de l'Est, de jolies filles veillent. Une Métisse au sourire angélique confie : « Oui, nous sommes des policières, mais c'est pour votre sécurité. »

Paru initialement dans *L'Alsace*

Les CDR: gardiens de la Révolution et délation

Les Comités de Defensa de la Revolución (CDR) sont les gardiens du régime. Ils sont présents dans chaque quartier. S'ils ont été créés au début de la Révolution pour mobiliser rapidement la population contre une invasion étrangère, ils sont aussi chargés de surveiller que les principes révolutionnaires sont appliqués scrupuleusement par les habitants. Chaque zone surveillée a un président qui choisit un idéologue et un vice-président. Les équipes des CDR effectuent des rondes la nuit dans les quartiers pour s'assurer que les citoyens soient dans les rails prévus par le régime. Outre le côté idéologique, les CDR s'assurent que les habitants respectent les règles d'hygiène ou ne louent pas des chambres illégalement. Le CDR, c'est la peur de l'autre, la peur de la délation par le voisin. Si les observateurs étrangers assurent que les CDR ne sont plus que l'ombre d'eux-mêmes, ils demeurent toutefois les redoutables yeux et oreilles du régime. Il va sans dire que les camarades-présidents des CDR sont bien souvent privilégiés par rapport à leurs compatriotes (maisons plus spacieuses, seul téléphone du quartier, etc.). Il existe près de 140 000 CDR à l'échelle nationale!

Les yeux du régime

Les Cubains ont coutume de dire qu'au moins trois choses fonctionnent bien dans leur pays: la santé, l'éducation et la police. En termes d'efficacité, la police peut être certainement décorée d'une médaille d'or. « Rien n'échappe aux policiers. Tout se sait ici », disent fréquemment les habitants de la grande île. Le régime a beaucoup investi pour que les très nombreux corps policiers soient au courant du moindre détail de la vie quotidienne des Cubains. La seule partie visible de l'iceberg, la police en uniforme, donne une idée des moyens déployés. Dans les grandes villes, il est fréquent de voir un policier de faction à chaque coin de rue. À cela, il faut ajouter des voitures de patrouille omniprésentes ainsi que d'élégants motards sur de grosses motos munies d'un gros gyrophare bleu. Si le dispositif est impressionnant, il faut y ajouter les *chivatones* (mouchards) qui dénoncent leurs compatriotes pour obtenir qui une faveur, qui la possibilité de continuer un trafic ou un travail illégal sans être inquiété par la police. Tout cela ne serait pas complet sans la présence des agents de la police secrète et les nombreux policiers en civil que l'on retrouve aussi bien dans les rues et les discothèques que sur les plages. Enfin, afin de s'assurer que le régime soit parfaitement renseigné, les téléphones sont tous sur écoute. Symbole fort, les policiers, avec un salaire de 46 CUC mensuels, sont parmi les travailleurs les mieux payés du régime. Ce montant est toutefois insuffisant pour vivre. En plus de se livrer au racket auprès des habitants (amendes pour un oui ou pour un non dont le montant est empoché par le policier), les représentants de l'ordre perçoivent leur quote-part sur les revenus de la prostitution et de tous les petits trafics possibles et imaginables. En revanche, les policiers s'abstiennent rigoureusement de pratiquer tout racket auprès des touristes.

Les critiques sont discrètes

Les intellectuels occidentaux de tous bords hésitent à porter un jugement sur un régime cubain qui scolarise ses enfants et leur assure un service de santé décent. La réalité quotidienne est moins rose. Les policiers sont très visibles, presque à chaque coin de rue.

Les mouchards et les inspecteurs en civil sont légion. Ils rendent la vie infernale à la population. Les Cubains ne peuvent quitter leur pays à peu près librement que depuis janvier 2013. Ils n'ont pas le droit d'aller dans une autre province que la leur, sauf si des membres de leur famille y vivent. Les habitants dont l'adresse légale est, par exemple, Santiago sur leur Carné (carte d'identité), mais qui demeurent à La Havane, vivent avec la peur au ventre d'être contrôlés. Les femmes risquent dans un tel cas d'être accusées d'être des *jineteras*.

Comme dans toutes les dictatures, l'expression de la critique se fait discrètement et par des voies détournées. Les habitants puisent leur liberté dans un cocktail indissociable: rhum et *salsa*. Le soir, autour d'une bouteille de rhum, les langues se délient. Les drapeaux de la liberté, les rêves américains et européens se dessinent dans les vapeurs d'alcool. Dans les villes et les villages, des groupes improvisés de sept ou huit musiciens battent la mesure. La musique est souvent le vecteur de la critique. À l'abri des notes, les amis discutent discrètement de politique. Les plus jeunes sont en revanche beaucoup moins discrets. Dans les discothèques, des rappeurs n'hésitent plus à critiquer ouvertement le régime. L'expression de la critique s'effectue toujours avec subtilité. Elle ne portera jamais sur des noms précis de dirigeants. Les paroles des chansons évoquent les difficultés de la vie quotidienne. Les chanteurs se questionnent pour savoir pourquoi certains roulent en Mercedes et d'autres attendent toujours la *guagua* (bus).

La jeunesse

Plus de 75% de la population cubaine est née après la Révolution. Le quart des Cubains est âgé de moins de 20 ans. Contrairement aux idées reçues, la population de l'île vieillit et fait face à un défi de natalité. L'écrivain cubain Leonardo Padura[1] porte un diagnostic sans complaisance sur la jeunesse de son pays. «Il y a de tout à Cuba: des jeunes qui pensent et vivent comme des ouvriers soviétiques modèles des années 1930, mais aussi des hippies tropicaux uniquement intéressés par le sexe, l'alcool et la drogue.» Puis il ajoute: «J'observe actuellement chez les jeunes une tendance beaucoup plus inquiétante. Ils ne s'investissent dans rien. Ils n'attendent rien de la vie. Ils vivent dans l'instant, sans foi ni perspectives.»

La jeunesse cubaine est désabusée. L'avenir ne semble pas être une option pour la plupart d'entre eux. Bien peu veulent croire que le régime changera un jour. La jeunesse cubaine travaille ou étudie. Dans les deux cas, elle survit. Sa liberté passe par la musique, le rhum et le sexe. Dans des discothèques parfois improvisées dans un parc public, les jeunes écoutent religieusement la Mexicaine Selena ou l'Italienne Laura Pausini. «*Yo no puedo vivir sin ti*» (Je ne peux pas vivre sans toi), disent en substance toutes les chansons. Les chansons romantiques ont toujours la cote. De La Havane à Santiago en passant par Cienfuegos, la jeunesse se déhanche sur les airs de Gente de Zona, Aventura ou de Tito El Bambino. Adolescents, étudiants

1. Entrevue dans *Courrier international* le 16 mai 2006.

ou jeunes travailleurs, ils veulent tous des téléphones cellulaires et des vêtements occidentaux. Ils rêvent de voyages ou d'exil. «Avec un salaire d'ingénieur, où est-ce que je vais aller?... Si je ne me décide pas maintenant, je vais finir comme mes parents: bourré de connaissances, mais baisé jusqu'au trognon, pourrissant sur pied entre les coupures de courant et les déceptions, car chez moi il n'y a pas de dollars», raconte l'un des héros de *Tropiques des silences*, le roman de la Cubaine Karla Suárez. Che Guevara, Camilo Cienfuegos, Frank País: les héros de la Révolution ne représentent plus rien. C'est l'indifférence absolue chez une jeunesse qui subit un pouvoir d'une autre époque.

Le tourisme

Au temps de la Prohibition (les années 1920), les premiers vacanciers américains sont venus s'encanailler à La Havane et à Varadero pour profiter des plaisirs interdits aux États-Unis. Le tourisme naissait à Cuba. Dans les années 1950, il était déjà la troisième source de revenus de l'île, après le sucre et le tabac. En 1957, Cuba a accueilli 280 000 touristes, pour l'essentiel américains, un record pour l'époque. On était alors très loin des chiffres et des capacités d'accueil d'aujourd'hui. Les tenants de la Révolution ont toujours dit que La Havane était envahie d'Américains et que Cuba était dans les années 1950 le bordel des Caraïbes. Certes, la prostitution était légale. La mafia avait pignon sur rue, et son plus fier représentant, Lucky Luciano, disposait d'une chambre à l'hôtel Nacional, mais les touristes étaient 10 fois moins nombreux qu'aujourd'hui. Dans les années 1960 et

Les Canadiens de Cuba

Ce ne sont pas à proprement parler des touristes. Au tout début du siècle dernier, des Canadiens ont choisi de s'établir dans la petite municipalité de Bartle, située entre Camagüey et Las Tunas, à plus de 600 km de La Havane. La compagnie ferroviaire Cuba Company était associée à un projet de centrale sucrière dans la région. Le projet ne vit jamais le jour, mais ces familles anglophones construisirent un village: maisons en bois, église protestante, école et de nombreux commerces. Les rues s'appelaient alors Hamilton ou Ontario pour conserver un petit goût de Canada sous les tropiques. Certains de ces Canadiens, pour la plupart charpentiers, participèrent à la création de pièces de bois pour le célèbre Capitole de La Havane. C'est cette histoire que conte l'écrivain Jaime Sarusky dans *Las dos caras del paraíso* (Les deux visages du paradis), un livre cubain consacré à quelques communautés étrangères qui s'établirent à Cuba. Parmi elles, des Haïtiens, des Juifs et des Finlandais! Les Canadiens, eux, resteront jusque dans les années 1930.

1970, le tourisme et la capacité hôtelière de Cuba se sont écroulés. Il y eut bien quelques tentatives pour développer ce secteur dans les années 1980, mais ce n'est vraiment qu'avec la création du ministère du Tourisme (MINTUR) en 1994 que le tourisme prit son essor. Cela ne veut pas dire que le tourisme était au point mort avant la chute de l'URSS. Outre quelques pionniers occidentaux, il y avait non seulement tous les sympathisants communistes français, italiens ou espagnols, mais aussi des touristes canadiens. Le Canada a en effet développé des relations particulières avec Cuba dans les années 1970. C'est le seul pays occidental qui n'a pas rompu ses relations diplomatiques avec la grande île, établies en 1945, après la Révolution. Le premier ministre canadien Pierre Elliott Trudeau fut l'un des premiers chefs d'État occidentaux à effectuer un voyage officiel à La Havane, en 1976. Ce déplacement permit de renforcer les liens économiques et touristiques entre les deux pays. 40 ans plus tard, son fils Justin, devenu premier ministre, s'est rendu lui aussi à Cuba sur les traces de son père lors d'une brève visite officielle à La Havane à la mi-novembre 2016.

Avec la production de nickel, de fer, de sucre et les *remesas* (envois d'argent de l'étranger), le tourisme est devenu en une quinzaine d'années l'une des principales sources de revenus du régime. En 2015, Cuba a accueilli trois millions et demi de touristes. Ce nombre devrait fortement croître au cours des prochaines années, notamment lorsque les États-Unis autoriseront tous leurs compatriotes à se rendre à Cuba. Les experts du milieu touristique s'attendent aussi à une explosion du nombre de bateaux de croisière dans les ports cubains. Depuis le printemps 2016, des croisiéristes américains ont ainsi pu découvrir la plus grande île des Caraïbes.

Les vacances des travailleurs au temps de la Révolution

Elles sont arrivées dans une Lada jaune hors d'âge. La mère, une Mulâtre dodue, a filé vers la réception, laissant sa sœur avec les valises et les deux fillettes. «*Compañera*, voici votre bracelet», a dit la réceptionniste. Toute la famille Domínguez a reçu un bracelet jaune, le sésame pour accéder à tous les services de l'hôtel. Yanitza, la Mulâtre, est directrice de banque à La Havane. Divorcée («Les hommes cubains ne sont pas sérieux», assure-t-elle), elle a droit à une semaine de vacances tous frais payés avec ses proches. Yanitza a été sélectionnée pour ses bons résultats professionnels et son dévouement au régime. Chaque entreprise fixe des objectifs à ses travailleurs. La banque de Yanitza a reçu le titre de Vanguardia Nacional (avant-garde nationale). Si tous les employés méritants ont droit, en théorie, à des congés payés dans des «hôtels-clubs», la plupart des élus sont des cadres. «Les familles de cet hôtel font partie de cette Vanguardia. Ce sont les meilleurs travailleurs qui sont ici. Ou presque, car quelques Cubains connaissent les camarades des agences de voyages et d'autres sont de riches membres du Parti...» Vladimir roule des yeux. Le jeune serveur s'assure que ses collègues ne l'écoutent pas. Dans le complexe hôtelier de Vladimir, au cœur des plages de l'Est, la moitié de la clientèle est cubaine...

Paru initialement dans *Liaisons sociales*

Une mine d'or pour Cuba

Près de 10 % de la force de travail de Cuba travaille actuellement dans le tourisme. Il faudrait y ajouter des centaines de milliers de Cubains qui vivent des retombées de ce secteur. Les travailleurs des hôtels tout-compris emportent des *regalos* (cadeaux) que leur donnent les vacanciers. Ils tentent de passer en fraude qui de la nourriture, qui des boissons provenant des restaurants des hôtels tout-compris où ils travaillent. Si une partie de la population profite de la manne touristique, c'est surtout un véritable pactole pour le gouvernement. L'essor spectaculaire du tourisme en une décennie a sûrement évité au pays de se retrouver en faillite. Dans une de ses éditions de 2009, le quotidien *Granma* en explique la réussite. Cuba propose du « tourisme paisible, médical, sécuritaire. C'est beaucoup plus que le soleil et la plage », note le journal. *Granma* ajoute qu'il faudra dans le futur « faire la promotion des valeurs naturelles et du riche patrimoine historico-culturel de la nation ». Les Canadiens sont de très loin les principaux visiteurs de l'île (entre 35% et 40% des voyageurs), suivis des Britanniques, des Allemands, des Français, des Italiens et des Espagnols, pour ne citer que ceux-là. Malgré les interdictions qui leur sont faites de voyager à Cuba, près de 200 000 Américains devraient se rendre dans l'île en 2016. Mais si l'on compte les Cubano-Américains qui s'envolent de Miami, il faut, selon plusieurs observateurs, multiplier ce chiffre au moins par trois (seules les autorités communistes ont les chiffres réels). Si les Cubains peuvent librement quitter leur île pour les États-Unis avec un visa depuis janvier 2013, le régime américain ne permet pas à ses concitoyens, exception faite de quelques catégories professionnelles, de se rendre à Cuba sans écoper de lourdes amendes, et ce, même si des vols réguliers ont apparu entre les États-Unis USA et Cuba en septembre 2016. La plupart des analystes estiment que Washington devrait bientôt accorder une pleine liberté de mouvement aux voyageurs américains. Quelques-uns contournent cet interdit. Les citoyens de l'Oncle Sam prennent un vol depuis le Canada ou le Mexique pour se rendre à Cuba.

Le tourisme national

Il existe cinq chaînes hôtelières qui sont la pleine propriété du gouvernement cubain : Cubanacan, Gaviota, Gran Caribe, Islazul et Habaguanex. Ces chaînes, qui appartiennent souvent à l'armée cubaine, gèrent des hôtels tout-compris de bon standing destinés aux étrangers et, depuis 2008, également aux Cubains qui en ont les moyens. Dans ces établissements, le prix d'une nuit est souvent équivalent à une année de salaire. Seule la nomenklatura peut se permettre de telles dépenses. Quelques centaines de milliers de salariés cubains parmi les cinq millions de travailleurs que compte ce pays de 11 millions d'habitants ont longtemps profité de ce luxe. Les bons soldats du régime, les travailleurs qui obtiennent d'excellents résultats professionnels, savourent des vacances payées par le gouvernement dans l'un de ces immenses complexes hôteliers. Ces avantages disparaissent peu à peu. Les *cuentapropistas* les plus aisés (chauffeurs de taxi, propriétaires de *paladares*) sont aussi de plus en plus nombreux dans ces hôtels. Au paradis du socialisme tropical, l'égalité reste hiérarchisée.

Les hôtels tout-compris

Une dizaine de chaînes hôtelières étrangères sont présentes sur le territoire de la plus grande île des Caraïbes. Qu'elles soient espagnoles, italiennes ou françaises, toutes ces sociétés sont obligatoirement des coentreprises avec le gouvernement cubain, qui conserve la majorité

La France vue par les Cubains

«Ah, Alain Delon. Il était si beau. C'était notre idole quand nous étions jeunes», confie Gladys. Professeur de géographie récemment retraitée, elle regarde sur l'étalage d'un vendeur de rue un DVD de cinq longs métrages d'Alain Delon. Trouver des productions de l'Hexagone est exceptionnel. Place aux films «d'action» américains que les cousins de Miami apportent sur des clés USB et qui sont ensuite gravés sur des DVD. Les salles de cinéma de La Havane proposent en revanche assez souvent une programmation française, et la chaîne de télévision nationale Cubavision diffuse régulièrement des films français en fin de soirée. «Il y a une dizaine d'années encore, les références en matière de design ou de mode étaient françaises. Aujourd'hui, elles sont italiennes avec Gucci, Dolce Gabana. Ce sont les marques qui font vibrer les jeunes», note Orlandito, jeune *cuentapropista*. Il faut dire que la communauté française résidente dans l'île communiste est huit fois moins importante que son homologue italienne (534 ressortissants de l'Hexagone).

La France a pourtant longtemps été un joueur majeur à Cuba. L'une des grandes villes du pays, Cienfuegos, à 250 km à l'est de La Havane, a été fondée par les Français en 1819. Au début du XIXe siècle, de nombreux colons se sont établis dans les provinces de l'Oriente, principalement à Santiago et Guantánamo. [...]

Les touristes français, eux, sont souvent épinglés. Dans un long article succulent sur Cuba vu par le Guide du Routard dans la prestigieuse revue sociétale cubaine *Temas*, la professeure de philosophie de l'Université de La Havane María del Pilar Díaz Castañón enfonce le clou: «Ils [les Français] sont naturellement méfiants et sceptiques... Ils ont la conviction d'être plus rusés et intelligents que les autres habitants de la planète».

Paru initialement dans *Le Figaro*

du capital. Ces géants du tourisme s'appellent notamment Blau, Accor, Sol Meliá, Barcelo y Riu, Sandals, SuperClubs, Belive Hotels ou encore Iberostar. Les pôles hôteliers tout-compris sont principalement situés à Varadero, La Havane, Cayo Santa María ou Guardalavaca, et la réalité cubaine y est méconnue. La très grande majorité des voyageurs se rendent dans des clubs de vacances, desquels ils ne sortent parfois que pour une excursion hebdomadaire, accompagnés par un guide cubain. Dans ces hôtels, la vie des vacanciers est organisée jusque dans le moindre détail. Ces hôtels tout-inclus sont généralement situés assez loin d'un centre urbain afin que la population cubaine n'ait pas trop de contacts avec les touristes. Les voyagistes proposent par exemple des vacances à Holguín, mais dans les faits, le pôle touristique est situé à Guardalavaca, à une heure d'une route sinueuse du centre-ville de Holguín. Quelques Cubains, le plus souvent invités, se rendent dans ces hôtels. Une première expérience dans un hôtel où les vacanciers jettent la nourriture est parfois traumatisante pour ces derniers. Si les vacances à Cuba sont assez onéreuses pour des Européens, ce n'est pas le cas pour les Canadiens. Au Canada, des forfaits d'une semaine sous le soleil cubain, incluant le vol, les repas et l'hôtel, sont proposés pour aussi peu que 600 dollars hors saison. Chaque semaine, plusieurs dizaines d'avions en provenance de Montréal et de Toronto déversent leur lot de touristes sur les plages cubaines. L'île comptait 63 000 chambres en 2015, dont 45 000 destinées au marché international.

Les *casas particulares* (gîtes)

Les *casas particulares* sont des chambres chez l'habitant. Au milieu des années 1990, le gouvernement a permis aux particuliers d'héberger des touristes. Avant que les autorités cubaines ne les légalisent, les *casas particulares* fleurissaient illégalement. Leurs revenus échappaient au gouvernement. Celui-ci a donc autorisé les chambres chez l'habitant afin de percevoir des impôts. Ces gîtes sont toutefois mal vus par l'État, qui contrôle financièrement l'intégralité du secteur touristique. Les autorités ferment régulièrement et sans préavis de nombreuses *casas particulares*.

Selon l'importance des villes et la qualité du confort, une nuit chez l'habitant coûte entre 15 et 30 CUC. La grande majorité des *casas particulares* sont très bien entretenues par leurs propriétaires. L'aspirant hôtelier doit obtenir un permis d'exploitation des autorités. Cela est difficile et nécessite des relations. En outre, comme dans tout ce qui touche au tourisme, mieux vaut être blanc ou métis que noir pour espérer obtenir un permis. Le commerce des *casas particulares* est très réglementé. Chaque mois, l'exploitant doit reverser un forfait au gouvernement, et cela, quel que soit le nombre de chambres louées dans le mois. En outre, le patron du gîte devra verser un autre impôt (de l'ordre de 30 %) en fonction des revenus qu'il gagne avec son établissement. Les tenanciers de ces maisons traquent activement les touristes, à la sortie des aéroports ou des gares de bus, afin de maximiser leurs revenus. Des rabatteurs se chargent de les épauler, moyennant une commission de 5 CUC par nuitée et par client. Un montant que les voyageurs futés économisent s'ils fuient les rabatteurs.

Depuis 2004, une *casa particular* obéit à certains critères de propreté et de confort. Les propriétaires des gîtes trichent sur leurs revenus et inscrivent assez souvent sur leurs livres un montant inférieur à celui qu'ils ont gagné. Certains Cubains n'hésitent pas à louer illégalement des chambres. Dans un pays où tout le monde est au courant des moindres faits et gestes de son voisin, ces loueurs illégaux reversent alors une cote à un hôtel voisin ou à une *casa* légale qui fermera les yeux. À l'instar des *paladares* (voir plus bas), les *casas particulares* sont l'un des meilleurs moyens d'approcher la réalité quotidienne des Cubains. Les loueurs proposent également, dans une ambiance familiale, de goûter à la cuisine cubaine pour quelques CUC de plus.

Les *paladares* (restaurants privés)

Les *paladares* sont des restaurants familiaux gérés par des particuliers. Depuis une quinzaine d'années, ils fleurissent dans toute l'île. Ils sont, de très loin, tant en ce qui concerne le service que la qualité de la nourriture, meilleurs que les restaurants d'État ou les cafétérias. Si les *paladares* sont rarement indiqués dans la rue (la publicité et le marketing sont encore inconnus à Cuba), les habitants savent où trouver ces établissements dans leur ville. Les plats que l'on y sert sont introuvables ailleurs. Plusieurs *paladares* proposent des menus avec force crevettes, viandes et poissons. En théorie, les propriétaires ne peuvent pas servir de langouste, qui est un monopole d'État. La plupart des établissements passent outre. Les prix varient généralement de 8 à 15 CUC pour un repas accompagné d'une bière (il existe aussi quelques rares *paladares* où l'addition est plus douce et le repas est payable en *pesos cubanos*). L'exploitation d'un restaurant privé est soumis à des règles strictes. Ces restaurants sont contingentés. Leurs propriétaires doivent acheter un permis d'exploitation et verser une redevance forfaitaire mensuelle, variable d'une ville à l'autre mais plus élevée que dans les *casas particulares*. De nombreux *paladares* qui ne parviennent pas à payer ces impôts doivent fermer. Jusqu'en 2010, l'établissement ne devait pas compter plus de 12 couverts, et les employés devaient faire partie de la famille du propriétaire. En 2010, puis en 2011, la capacité permise passa à 20 puis à 50 clients. Une révolution capitaliste, d'autant plus que les exploitants de *paladares* furent dès lors autorisés à employer des salariés en dehors de leur cercle familial.

Les *casas particulares* et les *paladares* constituent une brèche de taille dans un système cubain où l'omniprésence de l'État s'effrite pour céder une petite place au privé. Les *paladares* ont existé de tout temps, mais ils ont longtemps été illégaux. Ce n'est qu'au milieu des années 1990 que le gouvernement les a officiellement légalisés. À l'instar des *casas particulares*, les *paladares* sont pour le gouvernement un moyen de remplir les coffres de l'État. Paradoxalement, les autorités cherchent à les étrangler par une lourde imposition. Le *paladar* est considéré par certains fonctionnaires comme un concurrent déloyal des restaurants d'État.

Les plaisirs de la vie

Si la cuisine cubaine sait parfois être délicieuse, les difficultés d'approvisionnement au quotidien, tant pour les restaurateurs que pour les familles, rendent les choses compliquées. Les cartes des restaurants sont toujours très variées en apparence, mais dans la pratique la plupart des mets ne sont jamais disponibles. On ne vient donc pas à Cuba pour se sustenter; mais bien des vacanciers y viennent pour boire du rhum, des cocktails ou fumer des cigares.

La cuisine traditionnelle

La cuisine traditionnelle cubaine est méconnue des voyageurs qui souvent la critiquent sans avoir pu y goûter dans une famille ou dans un *paladar*. À ceux qui n'y voient que le fameux *congri*, ce plat de riz, d'oignons et de haricots noirs ou rouges, il faut opposer des plats à base de soupes, de salades, des viandes, des poissons et des desserts variés. Le riz ou les haricots sont toutefois les éléments de base de cette cuisine. L'omniprésence du riz reflète l'influence de la cuisine espagnole de Valencia. Les viandes traditionnellement utilisées à Cuba sont le porc et le bœuf. Le poulet est aussi très apprécié. Les Cubains raffolent du porc, qu'ils servent grillé ou frit. Le cochon de lait entier, rôti à la broche, est un mets de luxe que l'on sert lors d'une fête exceptionnelle. Les *plátanos fritos* (bananes plantains frites) accompagnent la plupart des plats. Lorsqu'ils trouvent la matière première, les habi-

La faim au ventre

María déambule, la faim au ventre, dans les couloirs du marché. Une dizaine de femmes tendent leurs carnets de rationnement pour obtenir un morceau de mortadelle. « Ici, tout fonctionne avec la *libreta* », souligne Pedro, un travailleur. La *libreta* donne droit chaque mois à 2,2 kg de sucre et à autant de riz, à un peu d'huile et du savon. « La viande? C'est rare », conte un jeune homme. María évite les jours d'arrivage. Elle prévient : « Le premier jour, la viande est congelée. Comme tout fonctionne au poids, c'est prendre le risque de se faire servir un bloc de glace. » La mère de famille prépare le repas du midi. Avec un petit marteau de bois, Lisbeth pilonne la viande pour donner l'impression qu'il y en a plus... Dans un large plat de métal, elle en verse 100 grammes pour l'ensemble de la famille. Maribel sert à la volée des rasades de rhum Cienfuegos, puis s'affaire à trier quelques haricots noirs. Ce sera le repas de la famille aujourd'hui.

Paru initialement dans *Le Figaro*

tants aiment cuisiner des beignets de maïs, des croquettes de viande ou des salades d'avocats. Les Cubains mangent en revanche peu de poisson, et les fruits de mer sont souvent réservés aux lieux touristiques (à moins d'acheter crevettes ou langoustes au marché noir). La cuisine cubaine est un métissage des différentes influences étrangères qui ont touché l'île au fil de son histoire : l'Espagne, mais aussi l'Afrique ou la Chine.

Les réalités gastronomiques du quotidien

Si la gastronomie cubaine n'a rien à envier à bien des cuisines de la planète, cela est vrai sur papier. Les Cubains sont souvent filiformes. Ce n'est pas pour répondre à une quelconque mode. Une nourriture abondante, équilibrée et variée demeure un luxe. Trouver à manger est une lutte de tous les instants. Il faut faire son marché, manger tous les jours avec les Cubains, entrer dans les épiceries pour comprendre. La capitale reste privilégiée par rapport aux autres villes de l'île. Plus on va vers l'est du pays et moins il y a à manger. Cela est particulièrement vrai dans les provinces de l'Oriente et dans les régions de Holguín et de Guantánamo. La présence de vendeurs de fruits et légumes dans les rues a, en apparence, un peu amélioré la pénurie. Dans les faits, ces commerçants spéculent sur l'offre et la demande, et le commun des travailleurs n'a souvent pas les moyens d'acheter autre chose que des *plátanos*. La matière première est absente des étals des magasins et des restaurants qui sont accessibles aux Cubains, ceux où tout se paie en *pesos cubanos*. « *No hay, companero* » (Il n'y en a pas, camarade) est autant la rengaine des serveurs de l'île lorsqu'un client leur demande un plat que celle des vendeurs d'une boutique d'alimentation. La plupart des Cubains doivent se contenter d'une base alimentaire de riz et de haricots noirs. Le reste, ce sont des quantités infinitésimales de nourriture que leur octroie la *libreta*. Parfois un peu de poulet, exceptionnellement du porc. À Cuba, environ 70 % de la population survit grâce au carnet de rationnement. La débrouille cubaine vient cependant à la rescousse des estomacs. Il n'est pas rare, tant dans les campagnes que dans l'arrière-cour d'une maison du centre-ville de La Havane, qu'une famille achète un ou deux petits cochons qu'elle élèvera jusqu'à maturité, pour les manger ou les échanger contre d'autres produits. Longtemps interdite et vivement réprimée par le gouvernement, la chose est désormais tolérée et de plus en plus pratiquée pour tromper la faim.

L'histoire du rhum cubain

Les origines du rhum cubain ont donné lieu à de nombreuses interprétations. Les Cubains n'ont pas inventé le rhum, mais à l'instar de ce qui s'est passé ailleurs dans la zone Caraïbe, les corsaires et les pirates qui peuplaient la grande île auraient fabriqué dès 1650 un alcool dénommé *rumbullion*. D'autres versions attribuent la paternité du rhum cubain aux esclaves noirs, qui produisirent aux débuts de la colonisation une première version d'alcool de canne à sucre. Chose certaine, à l'instar du champagne avec dom Pérignon, le rhum doit beaucoup à un ecclésiastique, le père Jean-Baptiste Labat. Lors de ses premiers voyages aux Antilles au XVIIe siècle, le père dominicain est terrassé par une terrible fièvre à la Martinique. L'alcool que le moine boit est âcre, mais cet alcool alors inconnu, qui serait l'ancêtre du rhum, sauve le dominicain. Le père Labat en améliore la distillation pour le rendre plus propre à la consommation.

Si dans les autres îles françaises, anglaises ou hollandaises, le rhum devient une boisson appréciée, à Cuba les Espagnols s'y intéressent peu dans un premier temps. Il faudra attendre le XIXe siècle pour qu'il devienne la boisson à succès que l'on connaît. Des distilleries surgirent alors aussi bien à La Havane qu'à Santiago, Cárdenas ou encore Cienfuegos. Bacardí fut longtemps la marque phare de Cuba, avant que le gouvernement cubain ne nationalise les entreprises privées aux débuts de la Révolution. Aujourd'hui, les principales marques du pays se nomment Mulata, Santero, Caney, Arecha, Varadero et surtout Havana Club (propriété depuis 1993 d'une entreprise mixte franco-cubaine, Pernod Ricard et Cuba Ron) que Bacardí, qui prépare son retour avec la future levée de l'embargo, veut détrôner.

Le *ron* (rhum), partie intégrante de la vie des Cubains

Il existe trois grands types de rhum: le rhum blanc, léger, à l'arôme sec et à la base de nombreux cocktails; le rhum brun, plus lourd et longtemps vieilli en fûts de chêne; enfin, entre les deux, un rhum coloré dont on se sert aussi pour les cocktails. Le *ron* fait partie intégrante de la vie des habitants de l'île. Les Cubains le boivent pur. Ils en consomment des quantités phénoménales au regard des standards occidentaux. Avec 4,9 litres par tête de pipe chaque année, les Cubains seraient d'ailleurs les plus grands consommateurs au monde devant les Dominicains. À côté des grandes marques et des petites marques reconnues vendues en CUC à la Shopping (épicerie d'État), il existe des rhums artisanaux de basse qualité que les Cubains se procurent dans des troquets contre quelques *pesos cubanos*. D'autres n'hésitent pas à distiller leur propre alcool, dans des conditions de salubrité et de qualité douteuses. Ce rhum est souvent celui de la Pipa (citerne), un camion que l'on retrouve dans de nombreux quartiers et dont la citerne contient du rhum. Les hommes, plus que les femmes, ont souvent une bouteille de rhum à portée de la main. Ils se rendent à la Pipa pour remplir cette dernière (il existe aussi des Pipas de bière). Après une journée de soleil et quelques bonnes rasades de rhum, les bagarres entre des Cubains qui ont parfois bu plus que de raison ne sont pas rares. Le rhum est un compagnon de tous les instants. Il se boit à toute heure de la journée et en toutes circonstances. Si les familles se retrouvent autour d'une bouteille de rhum le soir dans un bistro de leur ville, elles n'hésiteront pas à apporter leur *ron* à la plage. Le rhum, c'est la tradition, mais c'est aussi un moyen d'oublier pour un temps les difficultés du quotidien.

Les cocktails

Ils se nomment *daiquirí*, *mojito*, *Cuba libre*, *Ron Collins* ou encore *piña colada*. Les cocktails à base de rhum sont indissociablement liés à Cuba dans l'imaginaire international. Dans ses *Esquisses havanaises* (1930), l'écrivain français Jean-Louis Vaudoyer s'amourache des daïquiris «dans lesquels n'entrent que des produits de l'île: rhum, sucre et citron... Le rhum est le Bacardí, presque blanc, très sec, aussi différent du rhum ordinaire que l'est un pur-sang d'un cheval de labour». Ces mélanges à base de rhum font la grande joie des étrangers qui, pour quelques dollars, sirotent une boisson enivrante. Les serveurs de l'île ont en effet tendance à verser de copieuses rasades de rhum et peu de jus. Dans les années 1950, la présence des Américains et de certains monuments comme Ernest Hemingway a beaucoup contribué à l'image positive des cocktails dans l'île.

Paradoxalement, les Cubains n'en boivent pas. D'une part, parce que le prix d'un *mojito* dans un restaurant coûte fréquemment 30% d'un salaire moyen mensuel. D'autre part, parce que les habitants de la plus grande île des Caraïbes préfèrent le rhum pur. À l'instar de la nomenklatura, le seul cocktail que les Cubains un peu plus aisés s'autoriseront est un *Cuba libre* dans une discothèque. Les buveurs, attablés par groupes de sept ou huit, commandent alors une bouteille de rhum avec du coca-cola. Le *Cuba libre*, mélange de rhum, de coca-cola et de citron, ne doit pas son appellation à la victoire de la Révolution et à l'arrivée des Castro en 1958. C'est en 1898, lorsque Cuba obtint son indépendance de l'Espagne que l'expression «*Cuba libre*» est née. Ironiquement, elle aurait été prononcée par un soldat américain après la victoire des États-Unis contre les troupes espagnoles. Le cocktail, lui, ne se développa vraiment à Cuba que dans les années 1920, porté par une vague de voyageurs américains qui fuyaient la Prohibition aux États-Unis.

Les *refrescos*

Lorsqu'ils ne boivent pas du rhum, les Cubains affectionnent particulièrement les *refrescos* (rafraîchissements) sucrés. Le plus populaire d'entre eux est sans doute le TuKola, la version socialiste du coca-cola. L'embargo n'a d'ailleurs pas chassé de l'île le produit phare des États-Unis. Le coca-cola est fabriqué au Mexique ou au Panamá et importé à Cuba. Les connaisseurs au palais affiné de ce soda s'insurgeront, mais le TuKola, lui, n'a rien à envier à son homologue américain.

Les Cubains, et plus spécialement les femmes, aiment les *maltas* (jus de malt) et les *limonadas* (limonades). Les autres rafraîchissements sont le *guarapo* (jus de canne) et des jus de fruits qui sont presque malheureusement tous chimiques. Depuis peu, le Red Bull a fait son apparition dans les discothèques cubaines. Il connaît un certain succès auprès de la jeunesse dorée et des *jineteras*, son prix étant dissuasif pour les autres classes de la population. Outre ces rafraîchissements, les habitants de l'île aiment le *café cubano* (café noir), mais assez peu le thé.

Les Cubains sont de grands buveurs de bière et optent pour des blondes comme la Cristal et la Bucanero Fuerte. Quatre autres bières se paient en monnaie nationale: la Mayabe, la Cacique, la Polar et la Tinima. Il existe aussi des bières sans nom pour les plus téméraires et les plus pauvres. Depuis 2015, à cause de la hausse du tourisme, les habitants sont privés régulièrement de leurs bières préférées, Cristal et Bucanero, expédiées dans les lieux touristiques. Pour compenser, les autorités vendent aux habitants des bières d'importation à des prix de 20 à 80% plus élevés!

Les cigares

Plus encore que le rhum, le cigare est l'emblème de Cuba. L'embargo américain l'a rendu encore plus cher et plus mythique. « Un bon cigare, comme un bon vin, est né d'une longue et intime collaboration de l'homme et de la nature », conte l'écrivain Jean-Louis Vaudoyer dans ses *Esquisses havanaises*. Le cigare est l'objet de tous les fantasmes et de tous les mythes. « À travers l'Atlantique, le bruit courut que les meilleurs cigares étaient roulés par de jeunes Mulâtres sur leurs cuisses nues », ajoute Vaudoyer.

Le cigare est roulé à la main. Il en existe 42 types à Cuba. Ils s'appellent Montecristo, Cohiba, H. Upman, Romeo y Julieta, pour ne nommer que ces marques. « Ce choix du cigare, long, court, gros, mince, lourd, léger, dépend de l'humeur, du temps dont on dispose et de ses moyens financiers », explique August F. Winkler dans son guide *Cocktails et havanes*. Les cigares sont vendus dans des boîtes en cèdre, et leur prix est toujours beaucoup moins élevé qu'en Europe ou au Canada. Les cigares proposés dans la rue par des vendeurs à la sauvette à des prix défiant toute concurrence ne sont pas forcément de bonnes affaires. Les cigares ont leurs règles de consommation et de conservation. « Un cigare parfaitement conservé doit être légèrement brillant, souple et résister doucement à la pression, sans crépiter. L'odeur qui se dégage lorsque l'on ouvre le coffret doit envoûter les narines, la cape doit être un plaisir pour l'œil: ni trop nervurée, ni trop pâle, ni tachée, ni d'aspect verni ou irrégulier », ajoute August F. Winkler. La façon de manier le cigare confère, souvent comme le vin, au plus ridicule des snobismes.

4

Affaires et monde du travail

Portrait économique de Cuba

Cuba est un pays à l'économie socialiste, c'est-à-dire avant tout une économie d'État où la part du privé demeure négligeable. Depuis 2010, Raúl Castro a cependant procédé à une rationalisation budgétaire et diminué le nombre d'emplois dans les entreprises publiques pour donner plus de place au secteur privé. Le « subventionnement » à tout-va de la société cubaine par l'État n'est plus à l'ordre du jour. Il s'agit d'un véritable tournant dans la société cubaine. En 2012, les Cubains ont même dû pour la première fois payer des impôts.

La consommation dans les circuits de distribution traditionnelle y est anémique. L'économie parallèle est considérable, bien qu'elle ne puisse pas être chiffrée. Les statistiques économiques et les données chiffrées n'ont d'ailleurs pas grand sens; elles sont souvent fausses, sous-évaluées ou surévaluées. Peu après la chute de l'URSS, l'économie cubaine s'est ouverte au monde occidental, mais les lourdeurs bureaucratiques, héritages de l'époque soviétique, demeurent considérables. Cuba souffre d'un manque cruel de capitaux, et le défaut et les délais

Les principaux partenaires commerciaux de Cuba en 2015

1 Le Venezuela (échange de pétrole contre des biens médicaux)

2 La Chine (matériel de transport)

3 L'Espagne (tourisme)

4 Le Canada (mines)

5 Le Brésil (produits agroalimentaires et machines agricoles)

6 Le Mexique

7 Les Pays-Bas

8 L'Allemagne

9 L'Italie

10 L'Argentine

Source: ambassade de France à Cuba.

de paiement sont très importants. Faire des affaires dans la grande île est difficile, d'une part parce que les investissements ne sont pas protégés et d'autre part parce que les entrepreneurs étrangers sont soumis au bon vouloir bureaucratique de La Havane. Une société étrangère peut être expulsée du jour au lendemain, sans justifications, et cela n'est pas rare. Même si le gouvernement lutte contre la corruption, celle-ci est endémique. Faire des affaires demande souvent de verser des pots-de-vin, bien sûr interdits. Certains entrepreneurs étrangers se sont retrouvés en prison pour ces raisons. Bien que Cuba ne s'adresse donc pas à des entrepreneurs novices, il existe en ce moment une formidable occasion de se positionner dans la grande île en prévision de la levée de l'embargo américain contre Cuba. Avant même la levée de ce blocus, les entreprises yankees testent de plus en plus le marché.

L'évolution historique de l'économie

L'économie de Cuba a longtemps été basée sur la canne à sucre et le tabac. Jusqu'au milieu du XIXe siècle, l'Espagne a été le principal «actionnaire» de l'économie cubaine, avant que les États-Unis ne la supplantent par des prises de participation de plus en plus importantes, puis comme puissance coloniale de facto à partir de 1898, et cela jusqu'à la Révolution de 1959. Peu après 1959, les frères Castro ont nationalisé la très grande majorité des entreprises cubaines et étrangères, qui étaient essentiellement américaines. Les États-Unis ont répliqué par la mise en place d'un embargo en 1962. Privée des capitaux américains, Cuba n'a eu d'autre choix que d'embrasser le modèle économique de l'URSS. En rentrant dans l'orbite soviétique, Cuba a, pendant trois décennies, opté pour une économie artificielle, subventionnée par le grand frère communiste. Les Soviétiques achetaient alors la plus grande partie de la récolte de sucre de l'île, dans des conditions très avantageuses pour La Havane. Les notions de performance et de rentabilité n'avaient pas vraiment d'importance pour le régime cubain. Après la chute de l'URSS en 1990, La Havane n'a eu d'autre choix que d'ouvrir progressivement son économie au monde.

Cela s'est fait avec le développement du tourisme. Plusieurs complexes hôteliers espagnols et italiens ont ainsi créé des entreprises touristiques mixtes avec les Cubains. Les sociétés canadiennes extraient pour leur part du pétrole en mer et exploitent du nickel à Moa, près de Holguín. Parallèlement, l'État a mené plusieurs réformes agraires en distribuant des terres de l'État à de petits agriculteurs. Selon les statistiques officielles, cette dernière stratégie a permis d'augmenter la production agricole au cours des dernières années. En 2015, le rapprochement entre Washington et La Havane a soulevé beaucoup d'espoir. Les entrepreneurs étrangers de tous pays se bousculent dans la capitale cubaine, comme en témoigne la venue de délégations économiques française en 2015, belge au début 2016 ou encore québécoise en septembre 2016.

L'agriculture, symbole économique déchu*

Depuis le printemps 2009, le gouvernement cubain a fait de la production alimentaire, et de l'agriculture en général, une priorité nationale, ce que La Havane appelle la «sécurité alimentaire». Pays tropical dont la moitié des terres arables demeurent inexploitées ou encore en friche, Cuba importe plus de la moitié – certaines sources indiqueraient près des trois quarts – des aliments que les Cubains consomment. Ces importations d'aliments, qui se chiffrent annuellement à deux milliards de dollars, représentent des coûts insupportables, selon les dires de Raúl Castro lui-même. La politique de Cuba, à cet égard, est désormais ouvertement une politique de substitution des importations.

L'agriculture demeure au cœur même des initiatives gouvernementales. Le tout premier geste politique de Fidel en 1959 fut la réforme agraire afin de mieux répartir les terres entre les Cubains. De

Les États-Unis, pragmatiques en affaires à Cuba

Tout a commencé en novembre 2015 au pavillon américain de la FIHAV, la Foire internationale de La Havane, le grand rendez-vous annuel des affaires à Cuba. Petits entrepreneurs, *guajiros* (paysans), élégantes aux leggins multicolores, tous n'avaient d'yeux que pour un mini-tracteur rouge communiste, exposé au stand d'une entreprise américaine, Cleber LLC. Une machine que ses concepteurs américains ont appelée Oggun, en hommage à la déesse de la *santería*, la religion afro-cubaine. Oggun n'a rien à voir avec les tracteurs géants des grandes exploitations. C'est un petit modèle adapté aux besoins des coopératives non gouvernementales et des agriculteurs privés cubains. «À Cuba, nous avons encore beaucoup d'animaux de trait. Rien n'est facile pour les agriculteurs, car même les tracteurs de l'époque des Russes [URSS] n'ont souvent plus de pièces pour fonctionner», confie Milena, une jeune ingénieure agricole. Cleber a obtenu de la part des administrations américaines et cubaines le droit d'assembler ses tracteurs dans la zone économique spéciale de Mariel, près de La Havane. La première usine des États-Unis à venir à Cuba depuis 1958 est un investissement modeste, de l'ordre de 5 à 10 millions de dollars. Elle produira environ 1 000 tracteurs par an, vendus à un prix allant de 8 000 à 10 000 dollars.

Plutôt que de se lancer dans de gros programmes d'infrastructures, les entreprises américaines cherchent à répondre aux besoins d'une économie artisanale. [...] Avant un éventuel décollage économique de Cuba, ces dernières visent à satisfaire tous azimuts les besoins des 496 000 *cuentapropistas* (entrepreneurs privés) de l'île, les seuls dont tant le pouvoir d'achat que les besoins en produits américains sont réels : coiffeurs, salons de manucure, mécaniciens, réparateurs de téléphones portables...

Paru initialement dans *Le Figaro*

plus, avec le système de rationnement en place (la *libreta*), la responsabilité de nourrir la population incombe au gouvernement. Avec cette nouvelle politique de substitution des importations, qui implique une obligation de facto pour les habitants de l'île à produire plus, les Cubains constatent, avec appréhension, un effritement graduel du nombre de denrées qui étaient assurées à travers le système de rationnement. Parmi les réformes mises en place, bien que timidement, afin d'inciter les Cubains à produire plus, nommons l'octroi par le gouvernement de milliers d'hectares de terres à des centaines de jeunes et nouveaux agriculteurs. Les autorités ont créé des incitatifs économiques et salariaux supplémentaires pour les autres agriculteurs et des projets-pilotes qui permettent plus de ventes «privées» dans différentes régions de l'île.

Le gouvernement a, depuis 2008, fermé plusieurs centaines de coopératives agricoles d'État non rentables, et ce mouvement s'est particulièrement accentué à partir de 2012. En revanche, le nombre de coopératives privées, qui regroupent de jeunes agriculteurs, est en hausse. Malgré ces réformes, la production agricole a chuté de 7,8% sur un an au premier semestre 2013 et la situation ne s'est pas améliorée en 2014 (selon l'Office national des statistiques).

Les sécheresses qui touchent plusieurs des provinces cubaines depuis 2008, le vieillissement continu des installations manufacturières, par exemple dans le secteur du sucre, les besoins flagrants en irrigation et en engrais de toutes sortes, le manque d'équipements aratoires de base, les insuffisances du système d'entreposage et de distribution des denrées à travers un territoire s'étirant sur plus de 1 100 km, sans parler des besoins en formation des cultivateurs et fermiers eux-mêmes, donnent une idée des défis à relever. Les insuffisances du régime agricole, tant en ce qui a trait à la propriété qu'à l'usufruit, sont héritées d'une ère qu'on croyait révolue.

* Ce texte a été rédigé par Louis Lachapelle, pseudonyme d'un spécialiste de l'économie de Cuba ayant vécu plusieurs années à La Havane.

Les accords Cuba-Venezuela au quotidien

Cuba envoie des médecins et du personnel médical au Venezuela. En échange, Caracas fournit du pétrole au régime castriste à 30% du prix mondial. Selon l'ambassade de France à Cuba, environ 50% du pétrole consommé dans l'île vient de Caracas. Tous les Cubains ont qui un ami, qui un parent, qui travaille désormais au Venezuela. Si les accords de coopération avec Caracas sont censés avoir amélioré la situation cubaine ces dernières années, il est plus difficile de s'en rendre compte ces derniers temps. Le régime de Nicolas Maduro est à bout de souffle et les livraisons de pétrole à Cuba auraient fortement chuté, faisant craindre un retour de la terrible «période spéciale». L'opposition vénézuelienne a d'ailleurs déclaré qu'elle ne livrerait plus d'or noir à Cuba aux conditions avantageuses actuelles. Les familles des Cubains qui travaillent au Venezuela profitent moins qu'autrefois d'une augmentation de leur niveau de vie. Le personnel médical cubain expatrié envoie certes de l'argent aux proches, mais Caracas paie plus difficilement les Cubains en mission depuis 2016. Après un à trois ans au Venezuela, ces derniers reviennent en fin de mission avec un petit pactole monétaire et des produits électroménagers.

Les grandes données macroéconomiques

Le tourisme et les *remesas* (les envois d'argent par les Cubains vivant à l'étranger) sont de loin les deux principales sources de revenus de l'économie cubaine. À cela, il faut ajouter les accords pétroliers subventionnés avec le Venezuela (autrefois première source de revenus mais en fort déclin avec l'effondrement économique de Caracas), un important secteur biotechnologique, la production de nickel, dont l'importance pour l'économie varie fortement en fonction du cours de cette matière première. Le pétrole et le gaz sont aussi depuis quelques années des sources de revenus appréciables. La canne à sucre, qui a longtemps été l'un des piliers de l'économie cubaine, n'en est plus qu'un élément négligeable. En dépit d'annonces triomphalistes régulières dans les médias officiels, l'industrie sucrière n'est plus que l'ombre d'elle-même. La production de café, qui a fortement chuté ces dernières années, n'est plus que de 5 300 tonnes contre 60 000 tonnes avant la Révolution. Par ailleurs, les services médicaux que Cuba exporte dans de nombreux pays en voie de développement aident le commerce extérieur cubain. Longtemps, l'apport médical cubain a été bénévole ou objet de troc (comme au Venezuela). Raúl Castro a annoncé à la mi-2013 que le temps de l'aide médicale gratuite cubaine dans le monde était révolu et que ces services seraient désormais facturés. Des milliers d'étudiants africains (Angola, Afrique du Sud, Congo, Tchad) ou encore latino-américains viennent apprendre les professions de santé à La Havane.

Pour renforcer son économie après la chute de l'URSS, La Havane a cherché à favoriser l'émergence de régimes de gauche en Amérique latine. L'ALBA, l'Alternative bolivarienne pour les Amériques, a été créée en 2004 sous l'égide de Cuba comme une solution de rechange économique au néolibéralisme. Elle intègre le Venezuela, Cuba, la Bolivie, l'Équateur et le Nicaragua. Ces pays se soutiennent, et avoir de mauvaises relations politiques avec l'un d'entre eux peut brouiller également les relations économiques avec les autres. Un investisseur présent sur le marché cubain pourrait par la suite avoir accès plus facilement au marché latino-américain.

Heureux commerçants pauvres de Las Playas

Au croisement d'une route et d'un chemin de fer aux rails recouverts d'herbe, les *guajiros* (paysans) ont déposé les richesses de leur négoce : trois grappes d'une dizaine de fruits verts qui ressemblent vaguement à des figues. Les Cubains sont à l'ombre, près de l'abri du train Las Playas-La Havane. Le père a 35 ans. Les deux filles ont une douzaine d'années, de longs yeux bleus. Elles accompagnent le chef de famille. Elles rient de ce rire qui n'est plus celui des enfants, mais qui conserve encore toute son innocence. Le père rit : « Derrière, c'est mon oncle, *el dueño de la casa*, le PDG de la société. » La société, ce sont ces quelques fruits posés sur le sol. « Est-ce qu'il y a beaucoup de clients? Oui. Enfin, pas trop. » Combien peut bien gagner cette famille pauvre avec trois grappes de fruits pour toute marchandise? Ils attendent des heures un hypothétique client. Ils sont heureux de partager leur bonheur avec un étranger. Une rencontre touchante qui montre une certaine réalité cubaine.

L'économie au quotidien

Le secteur public constitue entre 70% et 75% de l'emploi, un pourcentage appelé à diminuer au cours des prochaines années au fur et à mesure de la libéralisation d'une économie dont le régime contrôle encore la quasi-totalité. Depuis la fin de l'année 2010, Raúl Castro a fortement encouragé le développement du secteur privé. En six ans, le nombre de travailleurs indépendants a triplé pour dépasser le demi-million, mais il stagne depuis la fin 2015. Ces nouveaux auto-entrepreneurs sont par exemple les *bicitaxis* et taxis, les coiffeurs, les vendeurs de sandwichs ou... les réparateurs de briquets. Le gouvernement, qui a établi une liste de près de 200 professions indépendantes autorisées, contrôle jalousement les entreprises privées. Il n'hésite pas à en fermer certaines en ne renouvelant pas leurs licences. Autre ouverture, les coentreprises avec des sociétés étrangères dans le domaine hôtelier. L'État cubain conserve toutefois la majorité des parts (généralement 51%).

Économie parallèle

Si les Cubains ne gagnent en moyenne qu'une dizaine de dollars par mois, cette somme ne représente que le salaire officiel de la plupart des habitants de l'île. Le quotidien des Cubains est fortement subventionné. C'est notamment le cas pour la nourriture, mais aussi pour le logement, le transport ou l'électricité, la santé ou l'éducation. Ces gratuités seraient toutefois insuffisantes pour que les habitants vivent décemment s'ils ne devaient compter que sur cela. L'économie parallèle ou marché noir est donc un élément majeur de l'économie cubaine, bien que très difficile à quantifier. Certains spécialistes étrangers qui vivent à Cuba estiment que les Cubains de La Havane gagnent en moyenne 200 à 250 dollars par mois grâce à l'économie de la débrouille, soit plus de 20 fois leurs salaires moyens.

Les Cubains sont très inventifs en la matière. Ils font du troc, revendent des produits volés dans leurs entreprises (voir « Le pillage dans les entreprises », p. 94) ou louent illégalement des chambres à des vacanciers; un médecin donnera des soins à des touristes

Une sortie au supermarché

C'est à La Havane, dans le quartier de Miramar, là où les palais baroques qui hébergent les ambassades côtoient des maisons coloniales, que la nomenklatura cubaine a en partie élu domicile. C'est donc à Miramar que l'on trouve les seuls centres commerciaux de la capitale. Ils se comptent pourtant sur les doigts d'une main. Non loin de la mer, là où l'Avenida 3 croise la Calle 70, il y a le Centro Comercial 3ra y 70. On y vient en Lada bleue pétrole ou en Peugeot 207 rouge révolution. Dans l'entrée, sur la droite, la section des électroménagers compte quelques réfrigérateurs, des ventilateurs et une ou deux machines à laver. Le rayon informatique propose quelques piles et des clés USB. Absence de concurrence oblige, les prix sont identiques d'un lieu à l'autre et sont parfois au double de ceux des produits des pays occidentaux. Il n'y a dans le Centro Comercial 3ra y 70 qu'une dizaine de rangées. D'un côté la viande, de l'autre quelques boissons, des biscuits et des conserves. Parfois, certains rayons sont vides et la « grande surface » cubaine n'aligne que trois caisses.

moyennant rémunération. Les policiers ferment les yeux sur telle ou telle activité en échange d'un bakchich. Alors que les étals des magasins sont souvent vides, les trafiquants du marché noir vendent dans la rue à peu près tous les biens d'équipement possibles. Certains sont même parfois fournis avec une facture. Dans les magasins d'État, les trafiquants invitent souvent les clients à acheter leurs produits, parfois en concurrence avec ceux du magasin (et parfois volés avec la complicité d'un employé) sans que cela ne provoque aucune réaction de la direction de la boutique. Chacun touche un petit pourcentage. Des Cubains proposent fréquemment aux étrangers de racheter leurs lunettes, leurs vêtements ou un ordinateur qu'ils revendront avec un bénéfice juteux. Pour bien comprendre l'économie cubaine dont une part importante des échanges s'effectue dans la *calle*, la rue, il est fondamental de mesurer l'importance de cette économie parallèle et de passer du temps à l'observer pour saisir le mode de fonctionnement de Cuba.

Une consommation anémique

Les grandes surfaces, les centres commerciaux avec des stationnements à perte de vue n'existent pas à Cuba. La nation la plus peuplée de la région Caraïbe est le pays de l'infiniment petit commercial (exception faite de l'économie parallèle). Les rares supermarchés sont pour l'essentiel concentrés à La Havane et destinés de facto aux résidents étrangers et à la nomenklatura cubaine. La très grande majorité des Cubains n'y ont pas accès. Trop chers. Dans toutes les villes, les étals des *tiendas* (boutiques) sont souvent vides ou à tout le moins très dégarnis. Les Cubains aimeraient consommer, mais dans leur grande majorité ils ne le peuvent pas. Seuls certains Havanais ont un peu plus d'argent. La très mauvaise qualité des produits dans les boutiques

La Chine prend ses quartiers à La Havane

Le quartier chinois de La Havane, le Barrio Chino, est très symbolique de la présence chinoise à Cuba, à la fois discrète et imposante. « Les Chinois, il n'y en a pas beaucoup dans le quartier, mais ce sont eux les patrons », explique Vladimir, un livreur mulâtre. L'homme pousse péniblement un chariot de planches vermoulues montées sur des roues en bois. Un touriste chinois photographie à tout-va les façades des échoppes latino-asiatiques de la rue Zanja, dérouté par cette Chine version *mojito*.

Une Chinoise, la soixantaine alerte, sort d'un restaurant proche : « Je suis née à Canton. Mes parents sont arrivés à Cuba au début des années 1950. Ils ont par la suite ouvert cet établissement. Depuis quelques années, de plus en plus de touristes chinois viennent ici retrouver leurs racines. » Elle montre les plaques dorées des *sociedades de recreo*, ces innombrables restaurants chinois de la rue Dragones. « Le quartier compte plusieurs milliers d'habitants. À peine 200 sont Chinois. Ils sont pour la plupart âgés. Ils sont arrivés avant la Révolution », ajoute la commerçante. Le Barrio Chino, récemment rénové, n'en est pas moins l'un des endroits les plus dynamiques de La Havane, avec son journal hebdomadaire, *Kwong Wah Po*. À l'angle de la rue Cuchillo, un serveur noir rieur hèle les passants : « Vraie cuisine chinoise : *mojito, Cuba libre*. »

Paru initialement dans *Le Figaro*

d'État n'invite pas à la dépense. Les Cubains se plaignent fréquemment de leurs chaussures dont une semelle ou une lanière se déchire quelques jours après un achat. C'est pourquoi ces derniers préfèrent acheter leurs vêtements dans la rue à des intermédiaires qui se les sont procurés en Équateur. Outre les bas revenus, les raisons de cette consommation anémique s'expliquent par l'embargo américain, mais aussi par une économie qui fonctionne à l'échelle artisanale et reste totalement désorganisée.

La présence des sociétés étrangères

De 1959 jusqu'à la chute de l'URSS, l'économie cubaine s'est suffi de ses échanges avec les pays du bloc de l'Est et le grand frère soviétique. Pourtant, dès 1976, la grande île a créé des zones franches à Mariel, Berroa et Wajay, pour attirer les sociétés étrangères. L'idée fut prémonitoire, puisque aujourd'hui les Russes ne sont plus qu'un partenaire commercial négligeable de Cuba. En 2016, les grandes entreprises étrangères sont vénézuéliennes, chinoises, brésiliennes, canadiennes, mais aussi espagnoles et françaises. Les difficultés de paiement et la complexité bureaucratique du marché cubain ont pourtant réduit au fil des ans la présence étrangère. Il y avait, à la fin des années 1990, 400 sociétés étrangères enregistrées à Cuba, un nombre qui a fortement diminué depuis. Les grosses entreprises venues d'ailleurs sont peu nombreuses. Parmi celles-ci, on peut citer la canadienne Sherrit (pétrole et nickel), la française Bouygues (construction) et l'entreprise pétrolière brésilienne Petrobas.

Le gouvernement prépare toutefois le futur. Avec l'aide d'investisseurs brésiliens, Cuba a procédé ainsi à l'agrandissement du port de Mariel afin qu'il puisse recevoir des cargos; Miami n'est située qu'à quelques heures de bateau. Cuba compte 32 ports commerciaux. Le régime communiste a donné son accord pour la construction d'importants projets, comme une vingtaine de golfs et de résidences de luxe pour étrangers. L'annonce a eu lieu au début de l'année 2013, mais en 2016, rien n'avait avancé, comme c'est souvent le cas à Cuba. La construction de golfs ne manque pas d'ironie. Un peu plus d'un demi-siècle plus tôt, le Líder Máximo, flanqué de Che Guevara, se moquait du président américain Eisenhower, fan de golf, en simulant une parodie de ce sport jugé bourgeois par les dirigeants communistes. Aujourd'hui, l'un des fils de Fidel, Antonio, est l'un des plus farouches défenseurs du golf dans l'île.

Culture du travail

La culture du travail à Cuba peut être assez déroutante pour un Occidental. Tous les jours, les bus déversent leurs flots de travailleurs dans des entreprises, qui parfois ne fonctionnent plus. Les Cubains se présentent dans leurs sociétés, sans pour autant être des foudres de guerre du travail. Non seulement la faiblesse des salaires décourage-t-elle les employés les plus motivés, mais l'absence de perspectives professionnelles dans les entreprises, et dans la société en général, noircit aussi le tableau.

Cuba : pas de révolution salariale pour les DRH

Les DRH et les spécialistes en ressources humaines attirés par une carrière sous les tropiques cubains seront déçus. Le journal *La Tribuna de La Habana* (La Tribune de La Havane) a publié dans son édition de dimanche deux offres d'emplois dans le secteur des ressources humaines. Dans les deux cas, l'employeur est le Parc zoologique national de Cuba. La première annonce est un poste de « technicien en gestion des RH », dont le salaire est de 365 *pesos cubanos* (12,1 euros) par mois. La seconde offre s'adresse à un « spécialiste en gestion des ressources humaines ». Cette fois, les émoluments atteignent 405 *pesos cubanos* mensuels (13,5 euros). Les intéressés peuvent se présenter à la direction du personnel du Parc zoologique national située à Boyeros, dans la banlieue de La Havane.

Paru initialement dans *Liaisons sociales*

L'entreprise

La quasi-totalité des travailleurs cubains sont syndiqués à la Centrale des travailleurs de Cuba. Le Code du travail, promulgué en 1984, définit la législation du travail. Si les heures de travail dans une journée sont souvent longues (fréquemment de 10 à 12 heures), les chiffres les plus fous circulent sur l'absentéisme. Tout comme sur ceux du chômage. Officiellement, le taux de chômage n'était que de 2,7% en 2014, mais cela n'inclut pas des milliers de travailleurs mis en disponibilité (renvoyés chez eux à 70% de leur salaire) et ceux qui ne font qu'acte de présence à leur travail. Par ailleurs, il n'est pas rare de voir des vigiles garder des lieux où il n'y a rien à garder, de voir des employés présents avec leur uniforme dans une entreprise qui est fermée depuis longtemps.

L'entreprise cubaine fonctionne dans le cadre très strict d'une économie d'État dans laquelle les notions de performance n'ont pas grand sens. Le temps ne compte pas. Si certains secteurs comme le tourisme sont dynamiques parce qu'ils rapportent de l'argent à l'État, les autres fonctionnent au ralenti. Il y a toujours chez les travailleurs cubains, faute de motivation salariale, une bonne dose de fatalisme mêlé de je-m'en-foutisme. Une machine, un objet brisés pourront le rester des années sans que quelqu'un cherche à les réparer. À la fin 2008, Raúl Castro a durci les conditions de travail et annoncé que la retraite était repoussée de 60 ans à 65 ans pour les hommes et de 55 ans à 60 ans pour les femmes.

Les salaires

Les salaires moyens, très bas (de l'ordre de 10 ou 15 CUC mensuels, versés le plus souvent en *pesos cubanos*), n'ont pas grand sens pour ce qui constitue le revenu réel des habitants de l'île (voir « Économie parallèle », p. 90). Ces salaires ne signifient pas grand-chose non plus pour un investisseur étranger. Celui-ci devra toujours payer plus cher le personnel cubain que ne le fait le gouvernement. Les règles de rémunération des Cubains qui travaillent pour des entreprises étrangères sont fixées unilatéralement par l'État (article 30.1 de la loi 118 de 2014 sur l'investissement étranger). Ainsi, les autorités demanderont à une société de tourisme étrangère de payer 1 000 dollars par mois un serveur dans un complexe touristique. Le gouvernement cubain versera 10 CUC à l'employé et empochera la différence, soit 100 fois

Vers une nouvelle gestion des ressources humaines dans les banques cubaines

«Nous sommes conscients que nous devons sensibiliser notre force de travail à un sentiment d'appartenance de l'entreprise et au respect du client», a déclaré récemment au journal *Granma* le président du Banco Metropolitano (BM), Orlando D. López Garcés. L'entreprise compte 4 400 employés, dont 3 500 femmes. Il a donc fallu expliquer aux salariés ce qu'étaient un prêt et ses conditions d'attribution. Sur les comptoirs des succursales, on trouve désormais des piles de prospectus à la gloire du crédit bancaire pour les petites entreprises. «Tu veux agrandir ton entreprise? Tu as besoin d'argent? Nous te venons en aide», assure le BM. Le travail de formation est effectué par un département de la Banque centrale de Cuba, qui diplôme chaque année de 2 000 à 3 000 employés en comptabilité, mathématiques ou analyse financière. L'Université de La Havane et le Programme des Nations Unies pour le développement (PNUD) participent aussi à l'apprentissage. Au quotidien, les services de ressources humaines des banques tentent de motiver les personnels, avec la mise en place de bonis, mais ces derniers sont si minces que les établissements bancaires ne sont pas encore prêts à faire une vraie révolution.

Paru initialement dans *Entreprise et Carrières*

la rémunération versée! Bien évidemment, le serveur payé 10 CUC ne sera pas motivé et, pour qu'il travaille réellement, l'entreprise étrangère devra lui verser parallèlement 100 ou 200 CUC supplémentaires. Les charges salariales sont de 25% (11% d'imposition à laquelle il faut ajouter 14% de contribution à la sécurité sociale). Contrairement aux idées reçues, employer du personnel à Cuba n'est donc pas si bon marché que cela.

La fin de l'égalité salariale

En 2008, le gouvernement cubain a officiellement enterré l'un des grands dogmes de la Révolution, l'égalité salariale. Depuis de nombreuses années déjà, l'égalité salariale n'avait plus grand sens. Les salaires variaient beaucoup à l'échelle cubaine d'une entreprise à l'autre et d'un emploi à l'autre. Entre un maître d'école et un policier, la différence de salaire officiel était d'un rapport de un à quatre quatre en faveur du policier.

Le pillage dans les entreprises

Le pillage des biens des sociétés par les salariés est un sport national. Les Cubains récupèrent tout ce qui peut l'être dans une entreprise pour le revendre au marché noir. L'extrême modicité des salaires explique ces comportements. Les autorités combattent activement ce phénomène, en obligeant les travailleurs à ouvrir leurs sacs lorsqu'ils sortent de leur lieu de travail. Malgré cela, le pillage est devenu un fléau qui est remonté jusqu'aux oreilles du chef de l'État. Les travailleurs cubains considèrent pour leur part que cette rapine est normale et qu'elle fait partie d'une lutte quotidienne. L'impact sur le bon fonctionnement des entreprises est toutefois considérable. Les matériaux pour construire des bâtiments peuvent disparaître du jour au lendemain, et le chantier est dès lors reporté aux calendes grecques.

Dans un recueil d'entrevues écrit à deux mains avec le journaliste Ignacio

Le salaire de Fidel... avant sa mort

« À vrai dire je ne possède rien. J'ai de petites économies... Mon salaire n'a jamais changé depuis 1959. Tous les mois, je dois payer la cotisation du Parti, et un certain pourcentage pour le logement... Remarquez, je n'ai besoin de rien. J'ai tout ce qu'il me faut, et j'ai de très maigres besoins.

Qu'on me prouve seulement qu'un dirigeant de la Révolution a un compte à l'étranger... Nous, dirigeants de la Révolution, nous sommes pauvres comme Job. Considérant qu'un dollar vaut 25 pesos, mon salaire est de 30 dollars par mois. N'allez pas croire que je meurs de faim. Tous mes frais sont pris en charge. »

(Extraits - Ignacio Ramonet et Fidel Castro, *Biographie à deux voix*, Fayard, 2006)

Ramonet, Fidel Castro évoquait de manière réaliste le phénomène du pillage dans les entreprises: « Le vol de matériel et de ressources ne date pas d'aujourd'hui, ni même de la période spéciale. Le problème a sans doute été aiguisé par la période spéciale... Ceux qui volent les magasins en devises. Ceux qui volent les produits de l'État dans les hôtels cinq étoiles... Vous n'imaginez pas la créativité en matière de vol qu'il y a dans ce pays. » Dans les hôtels touristiques de l'île, le pillage est organisé. Les serveurs volent les bouteilles de vin des restaurants de l'hôtel et les revendent au tiers de leur valeur aux touristes. Les barmen vendent les sacs de café et les bouteilles de rhum. Certains travaillent là depuis des décennies et toute la hiérarchie, jusqu'aux camarades patrons de l'entreprise, se partage les bénéfices!

Si les travailleurs cubains sont ici pointés du doigt, la rapine est généralisée dans la société. *El Comandante* s'indignait: « Il faut dire qu'ici, quelques dizaines de milliers de parasites ne produisent rien et pourtant s'enrichissent. Ils s'enrichissent, par exemple en volant du combustible. Ils sont nombreux à se promener avec un bidon et un petit tuyau: ils remplissent d'essence le réservoir des *almendrones* [voitures américaines des années 1920 à 1950]. »

Faire des affaires ou organiser un échange culturel à Cuba

Il est essentiel de bien comprendre le contexte cubain pour y faire des échanges culturels ou commerciaux. Si l'article 3 de la Constitution assure que « Cuba ne retournera jamais au capitalisme », le ver est dans le fruit. Raúl Castro a ouvert son pays aux sirènes de l'économie privée depuis 2010. Pourtant, l'Economist Intelligence Unit (de la revue *The Economist*) place depuis des années Cuba parmi les pires endroits au monde pour faire des affaires, principalement à cause de la lenteur des procédures et de la bureaucratie. Faire des affaires à Cuba demande donc de planifier très longtemps à l'avance ses besoins et de faire preuve de beaucoup de patience. Le marché cubain est complexe et ne s'adresse pas à des entrepreneurs débutants et surtout pas à des entreprises de petite taille.

Il existe tant en Europe qu'au Canada de nombreuses associations économiques et culturelles liées à la grande île qui peuvent être de bon conseil pour faire ses premiers pas. Sur place, il est préférable de passer par un bureau d'avocat occidental domicilié à La Havane et de prendre contact avec des organismes qui s'avèrent d'importants relais pour faire des affaires et créer des contacts, comme les services économiques, commerciaux et culturels des ambassades ou la Chambre de commerce de Cuba.

Le contexte cubain

Les rapports d'affaires avec les entreprises étrangères sont depuis 2014 régis par la loi 118 sur les investissements directs étrangers. Alors que le défaut de paiement est élevé dans la grande île, les Cubains sont en revanche très exigeants avec leurs partenaires de l'extérieur. Une entreprise doit avoir au moins cinq années d'existence et préférablement de l'expérience à l'export. Les autorités privilégient les relations avec les plus grandes sociétés. En clair, les PME et les travailleurs indépendants seront écartés du marché cubain.

Certains secteurs stratégiques tels que le tourisme, le pétrole ou les mines sont privilégiés par le régime. C'est aussi vrai pour des domaines tels que l'alimentaire ou les secteurs qui permettent de réduire la dépendance des importations. D'autres secteurs demeurent des chasses gardées. C'est le cas notamment du secteur de la santé. Lorsqu'une entreprise étrangère s'installe à Cuba, elle doit se plier à des tarifs spécifiques pour les étrangers, notamment pour les salaires des employés (voir «Les salaires», p. 93). Enfin, à moins d'être installées dans une zone franche, les sociétés étrangères paient un impôt de 30% sur les bénéfices. L'installation dans une zone franche offre une exonération d'impôt pendant 12 ans.

Ce qu'il faut savoir

Selon son secteur d'activité, une société étrangère aura pour interlocuteur tel ou tel ministère. Certains ministères, comme celui du tourisme ou de la culture, sont habitués à négocier avec des étrangers. Les négociations y seront plus aisées. Toute entreprise étrangère devra cependant s'attendre à de longues

Les conseils d'un consultant étranger à Cuba

Pierre Lemoine (nom fictif) est un consultant canadien. Il vit dans une suite d'un grand hôtel de La Havane depuis près d'une décennie. L'homme connaît Cuba depuis 25 ans. «Ce qui est important ici, ce sont les contacts, qui tu connais, quel est ton carnet d'adresses. C'est l'élément principal dans une relation d'affaires.» Il rappelle qu'investir à Cuba est toutefois risqué. «Pour investir ici, il vaut mieux avoir les reins solides et de la trésorerie. Quelques clients sont venus en me parlant de leur désir d'investir 100 000 dollars. Je les ai découragés.» Fait significatif qui illustre bien le contexte d'affaires cubain, malgré sa grande connaissance du marché de l'île, Pierre Lemoine n'a pas encore réussi à obtenir un visa de résident permanent à Cuba et doit régulièrement faire des allers-retours entre l'île et le Mexique pour voir son visa temporaire renouvelé.

démarches avant de pouvoir s'implanter. Cela signifie qu'elle devra affecter quelqu'un qui parle l'espagnol à cette tâche et disposer d'un important budget pour des voyages et des rencontres dans la grande île. Parmi les prises de contacts nécessaires, chaque année au mois de novembre, se tient la grande Foire internationale de La Havane (FIHAV). Celle-ci est un passage incontournable pour tout investisseur étranger.

Cuba a ses spécificités propres et, parmi celles-ci, la principale est que la majorité des entreprises cubaines sont contrôlées de près ou de loin par les Forces armées révolutionnaires.

Cuba dispose d'un cadre légal et administratif assez contraignant. À cela s'ajoutent des infrastructures désuètes et dépareillées qui ne facilitent pas les échanges. Il faut aussi savoir que toute entreprise étrangère peut très vite être expulsée de Cuba, et cela sans justifications. Enfin, comme c'est souvent le cas dans la grande île, les lois qui régissent le commerce et l'économie sont souvent d'application purement théorique.

Une entrevue avec le président Castro

Toutes les demandes d'entrevues doivent être adressées au Centro de Prensa Internacional (Centre de la presse internationale) de La Havane à :

M. Roger López
Tél. : (+537) 832-0526
Courriel : cpi@cpi.minrex.gov.cu

Les premières approches

Avant d'entreprendre des échanges commerciaux ou culturels avec Cuba, la première étape passe par la consultation de sources d'information. Le Québec, la Belgique, la France ou la Suisse regorgent d'associations culturelles et de solidarité proches de Cuba. Comme toujours dès qu'il s'agit de la grande île, ces associations sont souvent très politisées et plutôt pro-castristes. Leurs animateurs sont souvent plus communistes que les dirigeants cubains. En France, l'Association France-Cuba, créée en 1961 « pour soutenir le peuple cubain face aux nombreuses agressions dont il était victime », compte

Les documents nécessaires pour toute implantation commerciale à Cuba

- Documents et statuts légaux de l'entreprise
- Acte rédigé par un avocat et signé par la direction de l'entreprise vous présentant comme le représentant de l'entreprise à Cuba
- Références bancaires
- CV du représentant
- Copie des derniers états financiers
- Tous ces documents doivent être traduits en espagnol, visés par l'ambassade cubaine du pays de l'entreprise, puis par le Ministerio de Relaciones Exteriores et légalisés par un notaire. D'autres documents peuvent être également demandés.

de nombreuses antennes régionales. L'expertise de France-Cuba touche aussi bien l'aide humanitaire que la création de microprojets économiques, l'organisation de voyages à Cuba, de conférences et de cours de langue.

Ce type d'organismes est un bon point de départ pour approcher la culture cubaine, mais aussi pour rencontrer des Cubains expatriés. Les animateurs de ces associations organisent régulièrement des festivals (musique, cinéma) en invitant des artistes de la grande île. L'Association Suisse-Cuba ou la Table de concertation de solidarité Québec-Cuba *(www.solidaritequebeccuba.qc.ca)*, qui regroupent plusieurs organismes de coopération avec Cuba, ont des rôles similaires; Les Amis de Cuba est le pendant belge de ces associations. Enfin, les ambassades cubaines au Canada et en Europe organisent aussi régulièrement des festivals et des rencontres avec des artistes cubains.

La préparation d'un voyage commercial

De nombreux organismes en Europe et au Canada peuvent apporter un soutien préparatoire à des échanges commerciaux. Résolument axée vers l'économie, l'Union des chambres de commerce et d'industrie françaises à l'étranger met à la disposition des entrepreneurs français un groupe témoin d'experts du monde de l'économie et des affaires de Cuba. Les chambres de commerce françaises ont également réalisé des fiches sur les risques commerciaux de chaque pays, dont Cuba. Business France est aussi un organisme hexagonal avec une excellente expertise sur Cuba. On peut communiquer avec l'antenne de Business France à Cuba via l'adresse courriel *lahavane@*

La Révolution épouse Louis Vuitton

L'homme nouveau n'existe plus que dans les rêves de Che Guevara. Il roule en Hummer dans les rues de Miramar, le quartier des ambassades et de la bourgeoisie havanaise. Élégant et raffiné, il achète sa montre suisse 3 000 euros chez l'horloger Cuervo et Sobrinos dans le centre historique de la capitale. Dans la très touristique Vieille Havane, une faucille en diamants a décapité le vieux marteau communiste. Voici la grande artère piétonne, la rue Obispo. Le nez rivé sur la devanture de l'horloger cubain El Clip, une beauté tropicale dévore de ses yeux émeraude des montres suisses Tissot. «1 500 *fullas* [dollars], soldés 995 dollars. Ils sont fous. Il faut que je me trouve un *yuma* [étranger]», s'exclame la belle. À quelques dizaines de mètres de là, «La vie est belle», assure en français une immense publicité Lancôme dans la vitrine d'une parfumerie où les fragrances les plus chères s'exposent sans complexes. Louis Vuitton a fait des repérages. Chanel viendra au printemps 2016 pour un défilé de mode. Karl Lagerfeld en pince-t-il pour Karl Marx? Si nul ne sait, depuis seulement quelques mois, la Vieille Havane vibre au rythme des enseignes de luxe et peu importe que l'immense majorité des Cubains gagne moins de 20 euros par mois. La *vitamina verde* (la vitamine verte, la couleur du dollar) est là. De grands garçons américains, bien nourris et braillards, déambulent sous l'œil intéressé des *jineteras* (escortes). Si 77% des Cubains sont nés après la Révolution, une balade dans la Vieille Havane laisserait presque croire que celle-ci n'a jamais eu lieu.

Paru initialement dans *Le Télégramme*

Les formes juridiques d'investissement ou de participation de sociétés étrangères (en 2016)[1]

- La production coopérée (l'entreprise étrangère apporte une technologie et des matières premières pour que l'entreprise cubaine produise des biens). Exemple : une entreprise de matelas belge apporte son savoir-faire et fait fabriquer ses matelas à Cuba.
- Les contrats d'administration productive ou de services (une entreprise cubaine engage une personne étrangère pour gérer une ligne de production).
- L'entreprise mixte (une entreprise distincte à capitaux cubains et étrangers qui peut avoir des représentations à l'étranger). Exemple : un complexe hôtelier.
- L'entreprise à capital totalement étranger (dans les faits, il est bien difficile d'avoir une entreprise à capital totalement étranger à Cuba).
- L'association économique contractuelle (association avec une entreprise cubaine pour des activités d'exportation).

[1] *La Gaceta Oficial*, la gazette officielle de Cuba, tient à jour les formes d'investissements possibles sur son site Internet *(www.gacetaoficial.cu)*.

businessfrance.fr. Les conseillers du commerce extérieur de la France, basés à Cuba, sont une autre source d'information à privilégier avant de se rendre dans la grande île. Ces conseillers sont des chefs d'entreprises, au nombre de huit en 2016, dans des secteurs aussi variés que l'hôtellerie, le pétrole, le bâtiment ou les pièces d'équipements *(www.cnccef.org)*. Les coordonnées de ces entrepreneurs sont disponibles dans l'annuaire du site. Ils se feront normalement un plaisir de répondre aux questions de leurs compatriotes entrepreneurs.

Les Canadiens ont la chance d'avoir en l'ambassade du Canada à La Havane un groupe de délégués commerciaux particulièrement efficaces et compétents *(www.deleguescommerciaux.gc.ca)*. Au Québec, le Groupe Connexion Québec-Cuba s'est donné pour objectif de favoriser les échanges commerciaux entre le Québec et Cuba. À la fin 2016, le Québec devait ouvrir une représentation commerciale dans l'île, après la visite du premier ministre québécois à Cuba en septembre de la même année.

Les Belges, enfin, s'adresseront aux services de leur attaché économique et commercial à l'ambassade de Belgique à La Havane *(www.cuba.irisnet.be)*.

La préparation d'un voyage culturel

Tout échange culturel avec Cuba nécessite de s'adresser au bon département au sein du ministère de la Culture cubain pour avoir une chance de réussir. Les troupes de théâtre, de danse et les groupes de musique qui désirent se produire à Cuba doivent s'adresser au Consejo Nacional de las Artes Escénicas (Conseil national des arts de la scène) à La Havane. Afin d'être orientés vers une galerie, les peintres contacteront le Centro de Desarrollo de las Artes Visuales (Centre de développement des arts visuels) de la capitale cubaine, alors que les photographes qui souhaitent exposer leurs clichés dans la grande île feront affaire avec la Fototeca de Cuba (Photothèque de Cuba). Les cinéastes pourront développer leurs projets de films et de documentaires cubains non seulement grâce à l'Instituto Cubano de Arte e Industria Cinematográficos (Institut cubain de l'art et l'industrie cinématographiques), mais aussi au moyen de l'Instituto Cubano de Radio y Televisión (Institut cubain de radio et télévision). Chaque année au mois de février, le Salon du livre de La Havane accueille de nombreux auteurs étrangers. Les foires du livre se poursuivent ensuite en mars dans toutes les grandes villes cubaines. L'Unión de Escritores y Artistas de Cuba (Union des écrivains et artistes de Cuba) est un bon interlocuteur pour savoir comment y participer.

Consejo Nacional de las Artes Escénicas:

Mme Yamina Gibert Núñez, directrice du département des relations internationales

Tél.: (+53) 7 835 5765
Courriel: cnae@min.cult.cu

Inviter des artistes ou des partenaires commerciaux

Certains partenariats nécessitent que des artistes ou entrepreneurs cubains se rendent à l'étranger. Or, les procédures peuvent être longues. Tous les Cubains ont besoin d'un visa pour aller au Canada, en Belgique, en France ou en Suisse. Si les procédures exactes de visas

L'économie belge au cœur de la Révolution cubaine

La *guagua* (prononcez wawa, le bus) avale les faubourgs de La Havane, dépasse le parc Lénine, avant de déposer, épuisée, un flot immense de passagers devant ExpoCuba, un gigantesque parc où se tient la FIHAV, la Foire internationale de La Havane. La FIHAV, c'est l'événement annuel incontournable pour faire des affaires à Cuba. Chaque année, au début novembre, les hommes d'affaires de dizaines de pays ont rendez-vous avec les décideurs et le public cubains pour faire découvrir leurs produits. [...] La Belgique, fait à noter, a son propre pavillon, modeste il est vrai. Et encore plus modeste en ce jour ouvert au public, puisque sur les neuf exposants, beaucoup ont déjà déserté leurs stands. «Quel manque de respect! Ils doivent être partis à la plage de Varadero avec leur jeune assistante cubaine», confie Pedro, un ingénieur cubain, un fidèle de la FIHAV. Rien de tel chez BDC International, le principal exposant belge présent. «Nous sommes le distributeur de Peugeot dans l'île. Ce sont des voitures très appréciées», confie un représentant de l'entreprise. Trop chères les Peugeot des Belges? «Pas du tout. Le problème n'est pas le nôtre. Un modèle que nous vendons 20 000 euros au gouvernement est ensuite vendu à un prix multiplié par huit par les concessionnaires d'État». Outre les secteurs pharmaceutiques, alimentaires ou des télécommunications [...], les sociétés belges apporteront certainement leur expertise dans les domaines des énergies renouvelables ou de la gestion et traitement des déchets. Surtout, depuis quelques années, les produits belges sont de plus en plus visibles dans l'île communiste. Alors que pendant des années, les Cubains n'avaient accès qu'aux bières nationales Cristal, Bucanero ou Mayabe, fabriquées à Holguín (est de l'île) par le Belge AB-INBEV, ils ont désormais accès à la Martens Pils ou à la Brahma, une bière brésilienne et... belge.

Paru initialement dans *L'Echo* (Bruxelles)

diffèrent selon les pays, dans tous les cas les partenaires occidentaux doivent rédiger une lettre d'invitation détaillée précisant les motifs du voyage, sa durée, les dates éventuelles d'un événement commercial ou culturel et le nom des organisations concernées. La patience est ensuite de mise.

Les conditions d'investissement

S'il est théoriquement possible, selon la loi 118, d'avoir une entreprise à capital 100% étranger, dans les faits c'est difficile. Les autorités cubaines ont toujours, par un biais ou un autre, une présence dans la société étrangère. Le géant français du bâtiment, Bouygues, qui a le monopole de la construction d'hôtels à Cuba, est présent dans l'île par le biais d'une succursale associée aux Forces armées cubaines. Pernod Ricard a dû s'associer à Cuba Ron pour créer le Havana Club et ainsi devenir le principal joueur sur le marché du rhum cubain. Dans la grande île, une entreprise étrangère ne peut acheter des terrains. Elle ne peut employer seule des Cubains qu'après avoir obtenu une licence. Elle peut en revanche le faire si elle est associée à une entreprise cubaine. Les fonctionnaires cubains ont pour instruction de ne pas traiter avec des intermédiaires extérieurs à l'entreprise, mais directement avec la société considérée. Toutes ces conditions semblent dissuasives. Pourtant il faut savoir, à l'instar d'une expression locale, qu'à Cuba «*Todo se arregla*» (Tout s'arrange) d'une manière ou d'une autre.

Les formalités administratives

Les procédures pour investir à Cuba sont longues et elles peuvent paraître déroutantes pour tout investisseur occidental. Un entrepreneur doit tout d'abord obtenir un visa d'affaires en rencontrant le personnel de l'ambassade cubaine du pays dans lequel il se trouve. En fonction de ses ambitions et de son envergure entrepreneuriale, l'ambassade lui indiquera qui rencontrer pour son projet d'affaires. Par la suite, l'entrepreneur pourra demander une licence d'opération à la Chambre de commerce de Cuba (*www.camaracuba.cu*). Après l'obtention de la licence, il pourra embaucher des Cubains, avoir un bureau, disposer d'une automobile avec une plaque d'immatriculation orange signifiant que son entreprise est une société étrangère. La licence est renouvelable chaque année, et cela est

Les banques étrangères présentes à Cuba (en 2016)

À la suite des amendes imposées par l'ennemi américain aux banques étrangères faisant affaire avec Cuba, nombre d'entre elles ont plié bagage ces dernières années. Voici celles qui sont toujours présentes à Cuba:

- Banque Nationale du Canada (Canada)
- Banco Bilbao Vizcaya Argentaria (Espagne)
- Banco Sabadell (Espagne)
- Fransabank (Liban)
- Republik Bank (Trinidad-et-Tobago)

Source: Banco Central de Cuba (www.bc.gob.ca).

loin d'être automatique. À la fin de l'année 2009, Cuba a révoqué les licences de huit entreprises espagnoles. Les services commerciaux ibériques avaient eu le tort de critiquer, avec une bonne dose de colonialisme, les lenteurs de paiement de La Havane. S'établir à Cuba peut donc être une partie de poker.

Les infrastructures

Si sur le papier Cuba compte de nombreuses routes, la plupart sont en mauvais état et pas toujours carrossables. Il n'y a qu'une seule autoroute, qui relie Pinar del Río-La Havane-Santa Clara, soit sur environ la moitié de l'île. Un camion Ford des années 1950 y roulera avec un moteur soviétique Kamaz et l'intérieur de l'habitacle proviendra d'une Opel. Les infrastructures industrielles sont désuètes. Dans les usines, l'électricité n'est pas toujours au rendez-vous, pour des raisons de panne ou d'économie d'énergie. Presque toutes les infrastructures sont dépareillées. Elles datent parfois de l'époque soviétique ou parfois d'avant la Révolution et sont rafistolées avec des pièces chinoises. Le pays fonctionne sous une tension de 110 volts et de 220 volts. Cuba est l'empire de la débrouille. Un entrepreneur étranger devra s'y plier. Toutefois, Cuba évolue. La zone franche de Mariel, située à une trentaine de kilomètres de La Havane, en est un exemple prometteur. Une dizaine d'entreprises étrangères s'y étaient installées en 2016.

Le cadre financier

Malgré la promesse de Raúl Castro de réaliser une unité monétaire, Cuba dispose toujours de deux monnaies, le

Les premiers pas sur place

1. Rencontrer les services économiques de son ambassade. Ils brosseront un portrait du paysage économique de Cuba et indiqueront quelles sont les personnes intéressantes à rencontrer. Les services commerciaux fournissent une aide logistique, aident lors de la recherche d'un bureau et assistent au mieux dans l'organisation des réunions.
2. Se rendre dans une société d'experts-conseils. À Cuba, Ernst & Young est la principale. Ces consultants identifieront les opportunités d'affaires.
3. Prendre rendez-vous avec un cabinet d'avocat qui réglera tous les problèmes juridiques qui peuvent survenir. Malheureusement, s'il existait jusqu'à la fin de 2011 un cabinet d'avocat étranger à Cuba, les Canadiens Berger & Young, ce n'est plus le cas. Le cabinet a déménagé à Guernesey. Il effectue toujours des transactions sur Cuba pour ses clients.
4. S'il existe des cabinets d'avocats cubains qui maîtrisent parfaitement le français, mieux vaut utiliser les services de juristes étrangers. Les avocats cubains demeurent au final des employés du gouvernement, et tant la confidentialité que les conflits d'intérêts demeurent.
5. À noter qu'il existe une Association des entreprises françaises dans le quartier de Miramar, à La Havane, et que pour préparer la visite du président Hollande en 2015, la France a créé une antenne économique nommée Business France.

peso convertible et le *peso cubano* (voir «L'argent», p. 39). Dans la vie quotidienne, le «cash» est souvent le moyen de paiement le plus utilisé. Le recours à la carte de crédit est rare et déconseillé. Les guichets sont parfois vides et le risque d'une panne de courant pendant une transaction, assez fréquent. Les services comptables des entreprises étrangères doivent s'attendre à quelques surprises. Malgré la multiplicité de la paperasserie, il est souvent impossible d'obtenir des reçus, notamment dans les restaurants, sauf très haut de gamme. Les étrangers peuvent désormais ouvrir un compte dans l'une des nombreuses banques que compte Cuba. Parmi les grands établissements financiers, le Banco Metropolitano est un joueur majeur. Pour les investisseurs étrangers, les moyens de paiement sont la lettre de crédit et la lettre de change. Il n'en reste pas moins que le défaut de paiement est élevé. La crise économique que traverse l'île depuis les destructions causées par les ouragans de 2008 (10 milliards de dollars) a entamé les réserves de devises du régime. Les paiements aux entreprises étrangères sont plus lents. Il est donc préférable de disposer d'une solide trésorerie.

Les relations avec les partenaires cubains

Les relations avec les Cubains sont empreintes de méfiance et de cordialité. Elles se déroulent dans un cadre hiérarchique et bureaucratique qui peut être parfois difficile à supporter.

Les Cubains sont des partenaires relativement ponctuels. Il faut cependant bien prendre en considération la situation de l'île. Les transports fonctionnent mal, et un Cubain pourra arriver en retard à cause d'une *guagua* qui est pleine ou en panne. L'été, il est déconseillé de prendre des rendez-vous le matin. La chaleur empêche les Cubains de dormir et leur ponctualité s'en ressent. Si Cuba a fait avec la Révolution un grand pas vers l'égalité hommes-femmes, il n'en demeure pas moins que l'île fonctionne dans une logique latino-américaine machiste et qu'il est préférable que le contact étranger soit un homme plutôt qu'une femme. Il est bien important pour quelqu'un qui se rend à Cuba de comprendre qu'il n'est ni à Paris, ni à Montréal ou à Genève. Malgré l'ouverture capitaliste, Cuba est avant tout une économie communiste avec

Cuba : des relations de travail très hiérarchisées

Le système est très hiérarchisé et il n'y a pas de place pour les initiatives personnelles. En 2012, Raúl Castro a d'ailleurs mis en place un système d'amendes, élevées (parfois l'équivalent d'un salaire), pour les personnels qui ne respectaient pas les règles. Des inspecteurs des différents ministères passent pour distribuer ces amendes. Les dosseirs sont informatisés, mais il y a encore beaucoup de registres de paie sur papier.

Les Cubains sont généralement bien formés dans presque tous les secteurs et très disciplinés. Ils sont prêts à être plus assidus à condition d'être mieux payés. Ils respectent beaucoup la hiérarchie, ce qui peut être aussi un inconvénient (manque d'initiative).

Extrait d'une entrevue d'Hector Lemieux avec la journaliste Sylvie Aghabachian sur la gestion du personnel, parue initialement dans *Les Echos*.

ce que cela comporte: notion d'égalité, de partage, d'absence de performance. Les employés cubains ne sont dans leur grande majorité jamais sortis de leur pays, et ils n'ont aucune idée de ce que signifie la rentabilité à l'occidentale. Le capitalisme, le marketing, la publicité ont disparu depuis près de 60 ans dans l'île. Peu de Cubains peuvent donc s'en souvenir, et aucun qui travaille encore, à l'exception des Castro! Il faut aussi intégrer qu'un employé a suivi deux années (trois années il y a peu encore) de service militaire pendant lequel on lui a dit tout «le bien» que l'on pensait de l'étranger. Les Cubains peuvent être de très durs négociateurs. Lorsque les entreprises cubaines paient (les avis divergent beaucoup à ce propos), les délais de paiement peuvent être longs. Habitués à un demi-siècle d'isolement et à une résistance séculaire aux États-Unis, ils ont tendance à penser que, s'ils ne signent pas un contrat, ce n'est pas grave et qu'ils peuvent encore attendre 50 ans.

Des rencontres fructueuses

Si comme dans toute relation commerciale à l'étranger, il est important de respecter les us et coutumes du pays, c'est encore plus vrai à Cuba. Un Canadien ou un Européen devra tenir compte du contexte cubain, de l'histoire mouvementée du pays et des rapports historiquement tendus avec les États-Unis, qui ont généré une forte méfiance envers les étrangers. Les Cubains sont fiers d'avoir tenu tête à la première puissance mondiale et ils sont très susceptibles à ce propos. Il est impératif d'éviter les conversations à tournure politique. Pour autant, les relations doivent être à la fois décontractées et respectueuses. Un interlocuteur occidental devra savoir offrir de petits cadeaux à ses vis-à-vis sans pour autant donner l'impression de faire l'aumône ni prendre le risque de se faire accuser de corruption. Pour une première rencontre, une entrée en matière peut se faire autour d'un café et d'une discussion informelle. À l'instar des Nord-Américains, les Cubains attachent une grande importance aux cartes de visite. Ils s'attendent à une réponse lors d'un échange de lettres ou de courriels. Ne pas respecter ces règles peut couper court à toute relation économique ou culturelle future. Enfin, il est très important, notamment pour les Canadiens, habitués à des relations peu hiérarchisées, de se

Les conditions pour réussir son entretien avec des partenaires cubains

- Parler espagnol.
- Ne jamais parler de politique.
- Faire preuve de modestie tant dans le propos que dans l'attitude vestimentaire.
- Ne jamais perdre son sang-froid (notamment lors de retards).
- Bien comprendre que Cuba est un marché latino, donc macho. Un homme sera généralement mieux perçu qu'une femme.
- Ne pas oublier que la plupart des Cubains ne sont jamais sortis de leur pays.
- En cas d'incidents, utiliser la dérision pour se sortir du problème.

souvenir que la bureaucratie cubaine a généré un fort respect du protocole et de la hiérarchie.

La bureaucratie

La bureaucratie cubaine est une institution en soi. Les Occidentaux supporteront mal le poids des fonctionnaires (particulièrement les Nord-Américains habitués à une bureaucratie minimaliste et plus efficace). Tant dans les échanges commerciaux que dans la vie quotidienne, il faut se plier à de longues attentes, à la signature de très nombreux papiers, dont il est souvent difficile d'obtenir une copie. La patience est de mise, et se mettre en colère ne fait pas avancer les choses, loin de là.

La gestion du personnel

Dans ses grandes lignes, la gestion du personnel ressemble théoriquement à celle pratiquée en Europe ou au Canada. Les employés sont payés toutes les deux semaines ou tous les mois. Ils ont droit à cinq semaines de congés payés, à des congés de maladie et à des congés de maternité. Dans les faits, la présence d'un régime communiste a changé la donne. Le personnel est peu motivé vu les minces chances d'avancement et les bas salaires. La mise en place de bonis (*estimulación*) produit des résultats variables, d'autant plus que lesdits bonis sont bien minces. Les secteurs stratégiques comme la santé (pour les Cubains qui partent travailler au Venezuela) ou l'énergie, ou ceux qui rapportent des devises, comme le tourisme, sont privilégiés. Les employés y sont mieux traités et récompensés. Les autres doivent se contenter de récompenses symboliques, comme des médailles. Selon Juan Carlos Espinosa, coordinateur des études à l'Instituto de Estudios Cubanos de l'Université de Miami, il existe, au total, plus de 26 médailles du travail (mais pour les Cubains, aujourd'hui, seule compte la rémunération). Beaucoup parmi la jeune génération refusent désormais de travailler dans une entreprise pour 10 CUC par mois et préfèrent se livrer à d'autres activités (trafics, commerce, prostitution).

Épilogue

Cuba fut tour à tour le joyau de la Couronne espagnole, la danseuse tropicale des Américains et la putain des Caraïbes de l'Union soviétique. Les puissances sont parties et elles ont laissé leur place à des millions de voyageurs qui s'y rendent chaque année. C'est heureux, car la grande île ne produit plus rien ou presque. Raúl Castro a bien impulsé une dose de changement dans l'économie, mais les autorités cubaines cherchent toujours une voie pour l'île. Si Cuba ne sombre pas, elle le doit à la *vitamina verde*, les dollars des Cubains de Miami, et aux revenus du tourisme, parfois sexuel. Paradoxe, ces étrangers, régulièrement décriés par le régime, qu'ils soient des Cubano-Américains de Miami, des Canadiens ou des Espagnols fascinés par de jolies fesses cubaines, sont devenus les seuls vrais trésoriers de Cuba. Alors, est-ce «*Back to Batista*» à la sauce rouge?

Tout avait pourtant commencé en fanfare en 1959, avec une jolie révolution, que pendant une décennie Cuba a tenté d'exporter à travers le monde, avant de devenir le mercenaire de l'Union soviétique en Afrique, jusqu'à la fin des années 1980. Depuis la chute de l'URSS, La Havane s'est assagie. Avec la fin de la guerre froide, la grande île a perdu de son importance stratégique. S'ils la surveillent du coin de l'œil, les États-Unis ont aujourd'hui d'autres préoccupations. Les relations entre l'Oncle Sam et La Havane, si elles se sont même détendues sous Obama, semblent devoir se tendre à nouveau avec l'entrée en scène de Donald Trump.

La Révolution et ses héros, eux, n'intéressent plus les jeunes Cubains et de moins en moins le reste de la population. Le communisme pouvait difficilement résister à la joie de vivre des Cubains, à cette société métissée et tropicale où la rigidité totalitaire importée par les Soviétiques a toujours semblé si déconnectée de l'île. Pour sauver une œuvre à tout le moins contrastée, Raúl Castro fait désormais de l'économie une priorité nationale. Le successeur de Fidel a cédé aux sirènes du capitalisme, même s'il s'en défend. Ce faisant, il ne se cache presque plus pour enterrer le squelette du socialisme. L'île change. La société cubaine est en passe de devenir une société à deux vitesses avec ses nouveaux capitalistes rouges, les petits entrepreneurs de tout acabit et les laissés-pour-compte du système qu'est l'immense majorité des habitants. Le régime castriste n'a pas encore disparu que déjà des voix s'élèvent dans la population pour dénoncer les inégalités qui n'auraient pas eu cours «au temps de Fidel». Le régime a façonné les Cubains. Après tout, près de 80% d'entre eux sont nés après la Révolution. Pour le reste, à l'instar de ce que font les Cubains dans la vie quotidienne, le régime castriste utilise le système D et le troc pour permettre au pays de survivre. Tout cela est bien incertain. Les jeunes Cubains rêvent d'ailleurs. Ils ne veulent plus travailler pour 10 dollars par mois comme leurs parents. Beaucoup vivent en marge d'une société laborieuse qui se délite.

Le peuple cubain est « un peuple qui chante et qui danse. Un peuple qui sait rire et aimer. Un peuple merveilleusement drôle. Mais aussi un peuple qui subit et sait le dissimuler. Un peuple qui souffre », a dit en 1998 l'écrivain cubain Abilio Estévez, lors d'un entretien pour le quotidien espagnol *El País*. Rien n'a changé depuis lors.

Empire de la débrouille, la grande île n'en est pas moins complexe. Parler de Cuba, c'est parler le plus souvent à tort et à travers. Il y a d'un côté des Cubains de Miami, souvent totalement déconnectés de Cuba, même si, depuis peu, de plus en plus ils viennent passer des vacances dans l'île après ne pas y être revenus depuis parfois des décennies. Il y a d'autre part des experts occidentaux, souvent autoproclamés, que l'on croise rarement en dehors des couloirs des grands hôtels et qui font beaucoup de prospective sur le futur, alors que les Cubains eux-mêmes ne s'y risquent pas.

Les concepts sur Cuba sont toujours manichéens. Selon certains, ce n'est qu'une dictature sanglante. Selon d'autres, c'est un modèle, une nation dont les réussites en matière de santé et d'éducation ne peuvent que se comparer avantageusement au désastre haïtien. La mesure est difficile, car il n'existe justement pas de mesures dans un pays où l'incertitude et la manipulation sont la marque de commerce. Cuba est caribéenne, africaine et a été l'un des hauts lieux de la piraterie européenne, avant de devenir celui des coups tordus américains et soviétiques. Les Castro ont tout aussi bien manipulé les États-Unis pour se maintenir au pouvoir pendant un demi-siècle, un record. À Cuba *« No es facil »*, disent ses habitants. Il vaut mieux ne pas toujours donner des réponses aux questions.

Nous espérons que la Cuba sensuelle et rebelle que nous vous avons fait découvrir vous donnera envie d'y aller ou d'y retourner. Profitez-en vite. Malgré encore quelques interdits, les Yankees sont de plus en plus nombreux à visiter l'île. Des hordes de touristes criards envahissent les rues de la Vieille Havane. Ce sont heureusement pour l'instant les intellectuels yankees, mais signe que le débarquement des hordes américaines ne saurait tarder à être légalisé entre les deux pays, les vols réguliers entre les États-Unis et Cuba sont autorisés depuis le 1er septembre 2016. *No es Facil.*

Bibliographie

Livres

- BÁEZ, Luis et Pedro DE LA HOZ. *Hotel Nacional de Cuba. Revelaciones de una leyenda,* La Habana, Editorial Capitán San Luis, 2011.
- CASTRO, Fidel. *Entretiens sur la religion avec Frei Betto*, Paris, Cerf/Bellarmin, 1986.
- DÍAZ, Jesús. *La peau et le masque*, Paris, Métailié, 1997.
- DOMÍNGUEZ, Lourdes S. *Los Collares en la santería cubana*, La Habana, Editorial José Martí, 2003.
- GREENE, Graham. *Notre agent à La Havane*, Paris, 10/18 Domaine étranger, 2001.
- GUERRA, Wendy. *Tout le monde s'en va*, Paris, Le Livre de Poche, 2009.
- GUILBERT, Yves. *Castro l'infidèle*, Paris, La Table Ronde, 1961.
- GUTIÉRREZ, Pedro Juan. *Carne de perro*, La Habana, Ediciones Unión, 2012.
- GUTIÉRREZ, Pedro Juan. *Trilogie sale de La Havane*, Paris, 10/18 Domaine étranger, 2003.
- LANGUEPIN, Olivier. *Cuba, la fin d'une utopie*, Paris, Folio actuel, 1999.
- LINARES FLEITES, Cecilia et al. *El consumo cultural y sus prácticas en Cuba*, La Habana, Instituto Cubano de Investigación Cultural Juan Marinello, 2010.
- MACHOVER, Jacobo. *Cuba, totalitarisme tropical*, Paris, Le Livre de Poche, 2006.
- MANET, Eduardo. *Rhapsodie cubaine*, Paris, Grasset, 1996.
- MENDES, Ludo. *Cuba No, la parole aux oubliés*, Paris, Ring, 2013.
- MORALES DOMÍNGUEZ, Esteban. *La problemática racial en Cuba : algunos de sus desafíos*, La Habana, Editorial José Martí, 2012.
- MORAND, Paul. *Hiver Caraïbe*, Paris, Flammarion, 1991.
- PADURA, Leonardo. *Mort d'un Chinois à La Havane*, Paris, Métailié, 2001.
- PÉREZ CISNEROS, Guy. *Características de la evolución de la pintura en Cuba*, Editorial Pueblo y Educación, La Habana, 2000.

- PETIT, Véronique et Eduardo MANET. *Le goût de Cuba*, Paris, Mercure de France, 2003.
- RAMONET, Ignacio et Fidel CASTRO. *Biographie à deux voix*, Paris, Fayard, 2006.
- SARUSKY, Jaime. *Las dos caras del paraíso*, La Habana, Ediciones Unión, 2010.
- SMITH DUQUESNE, Gilberto. *Cocina cubana tradicional*, La Habana, Editorial Científica-Técnica, 2009.
- TAYLOR MARTÍNEZ, Librada. *¿Yo? ¡Cuentapropista!*, La Habana, Editorial Academia, 2012.
- VALDÉS, Zoé. *La douleur du dollar*, Arles, Actes Sud, 1998.
- VILLAVERDE, Cirilo. *Cecilia Valdés*, Paris, La Découverte, 1984.

Médias et sites Internet

- *Bohemia* (www.bohemia.cu)
- *Granma* (www.granma.cu)
- *Juventud Rebelde* (www.juventudrebelde.cu)
- *El País* (www.elpais.es)
- *El Nuevo Herald* (www.elnuevoherald.com)
- Mujeres (www.mujeres.co.cu)
- Ambassade du Canada à Cuba (www.canadainternational.gc.ca/cuba)
- Ambassade de France à Cuba (www.ambafrance-cu.org)
- Oficina Nacional de Estadísticas (www.one.cu)

Index